Beyond Harvard

All-new Street Smarts from the World of Mark H. McCormack

超越哈佛

麦考梅克不同凡响的商业智慧

[美] 马克·H. 麦考梅克 著 端木佳韵 译

（Mark H. McCormack）

中信出版集团 | 北京

图书在版编目（CIP）数据

超越哈佛：麦考梅克不同凡响的商业智慧 /（美）马克·H. 麦考梅克著；端木佳韵译 . -- 北京：中信出版社，2019.6

书名原文：Beyond Harvard : All-new Street Smarts from the World of Mark H.McCormack

ISBN 978-7-5217-0660-4

Ⅰ . ①超… Ⅱ . ①马… ②端… Ⅲ . ①商业经营—经验 Ⅳ . ① F715

中国版本图书馆 CIP 数据核字（2019）第 097974 号

超越哈佛——麦考梅克不同凡响的商业智慧

著　　者：［美］马克·H. 麦考梅克
译　　者：端木佳韵
出版发行：中信出版集团股份有限公司
（北京市朝阳区惠新东街甲 4 号富盛大厦 2 座　邮编　100029）
承 印 者：北京通州皇家印刷厂

开　　本：787mm × 1092mm　1/16　　印　　张：17.25　　字　　数：188 千字
版　　次：2019 年 6 月第 1 版　　印　　次：2019 年 6 月第 1 次印刷
京权图字：01-2019-1933　　广告经营许可证：京朝工商广字第 8087 号
书　　号：ISBN 978-7-5217-0660-4
定　　价：60.00 元

献给我们的父亲马克·休姆·麦考梅克（Mark Hume McCormack），以及很多发扬其传统的他的朋友与同事。

——麦考梅克家族

目　录

序

马克·H. 麦考梅克（Mark. H. McCormack）创造了我们在今天所说的体育营销。他的视野与才能永远改变了体育界，也改变了参加体育比赛、观看体育节目以及热爱体育事业的人们的生活。通过将体育名人与产品营销联系起来，他创建了一个由国际管理集团（IMG）领头的全球性行业，并成为在他那个时代最被欣赏与最受尊敬的企业家之一。马克之后，再也没有类似的人物出现。故事开始的时候，我就在现场。

那是在 1960 年 10 月，阿诺德·帕尔默（Arnold Palmer）将成为《体育画报》（*Sports Illustrated*）的年度最佳运动员，我受命参与报道。在西弗吉尼亚州亨廷顿市（Huntington）举行的萨姆·斯尼德邀请赛（Sam Snead Invitational）的首轮比赛后，阿诺德和我来到俱乐部会所。阿诺德点了一个汉堡。服务员送餐的时候捎带着一瓶汉斯（Hunt's）番茄酱。阿诺德抬起头说："你们没有亨氏（Heinz）番茄酱吗？好吧，你们应该有的。"事实证明，当时有可能是最著名的高尔夫球手每周被支付 9 美元 61 美分以宣传他使用亨氏番茄酱。

让我们来说说马克·麦考梅克，他最近代理了阿诺德·帕尔默，做成了他著名的握手交易。国际管理集团的文件——你可能找到的最完整的公司档案，记录了闷闷不乐的麦考梅克和面无表情的 S. J. 亨氏（S. J. Heinz）

之间的往来，也证实了帕尔默确实签署了这份每周不到10美元的合同，其中甚至包括帕尔默的话可以被引述在亨氏番茄酱大使的热烈生动的广告语中。这就是在马克之前人们做事情的方式。自那以后，体育行业取得了巨大的发展。

20世纪60年代以后，很多事情发生了改变。马克经常找我寻求建议。

“网球能成为观赏性的大型运动吗？”“没门儿，”我说，“太简单的一项运动了。”于是他签下了纽科姆（Newcombe）、拉弗（Laver）和埃弗特（Evert）。

“我们应该进军滑雪界吗？”“不行。谁关心滑雪？”于是他签下了琼–克劳德·基利（Jean-Claude Killy）。

“体育项目会扩张到全球吗？”“没办法，体育太区域性、太怪异了。”于是他涉足了足球、板球、羽毛球、斯诺克等各个领域。我的天哪！

“我们是否可以为温布尔登网球锦标赛[①]的赞助商以及为客户提供大帐篷？”“粗俗的商业化。无论如何，组委会是不会让你这么做的。”

我不记得马克具体是在什么时候停止向我寻求建议的。

相反，他会在晚餐时给我看国际管理集团的最新简讯。“皇家古典高尔夫俱乐部（R&A）喜欢我们的帐篷。《高尔夫年鉴》（*Golf Annual*）将来每年都会发行。我们有艺术家——在大都会艺术博物馆你会见到基莉·特·卡娜娃（Kiri Te Kanawa）。我们将拥有世界上最大的模特经纪公司。知道谁是体育传媒界最大的独立制片人和发行人吗？追求永无止境。喜欢鹅肝？我们买下了斯特拉斯堡的足球俱乐部。喜欢网球？我

① 温布尔登网球锦标赛简称“温网”。——编者注

们买下了职业男子网球协会（ATP）在印第安韦尔斯和迈阿密的赛事举办权。喜欢读书？我的《哈佛商学院不会教你的商业策略》（*What They Don't Teach You at Harvard Business School*）已售出超过100万册。喜欢板球？我们与从印度到西印度群岛的板球董事会都有合作。我们与国际奥委会（IOC）、国际滑冰联盟（ISU）、美国职业橄榄球联盟（NFL）、美国高尔夫协会（USGA）都有签约。”随着“开胃菜”和“面包”持续消失，整个体育世界的“字母形花片汤”将沿着餐桌洒开。

名字与岁月流转。纳夫拉蒂洛娃（Navratilova）、格雷茨基（Gretzky）、蒙塔纳（Montana）、杰特（Jeter）、泰格·伍兹（Tiger Woods），马克总是在盼望着这些流浪者的归来［尼克·福尔多（Nick Faldo）回来了，皮特·桑普拉斯（Pete Sampras）回来了］。他慷慨地支持那些时运不济的人，并总是向那些还没看到光明的人——罗马教皇（the Pope）、玛格丽特·撒切尔（Margaret Thatcher）、比尔·克林顿（Bill Clinton）、杰克·韦尔奇（Jack Welch）——描绘他的蓝图。他说，他们都需要国际管理集团。他告诉他们原因，他们其中的大部分都表示赞同。

随着晚餐从没有星级的德州–墨西哥风味菜（Tex-Mex）逐渐演变为二星级的法国菜，我从这位非常复杂的人物身上看到了一丝曙光。我开始明白他的目标不是名气，因为他不想要名气。他的目标也不是金钱，因为国际管理集团的大部分利润都被重新投入到集团的运营当中。

马克的目标，他做的事，都围绕着国际管理集团本身。它代表着什么，它能够实现什么，其中大部分都是以人们从未想过的方式呈现的。他热爱竞争，讨厌失败。他的人生中不变的目标是使国际管理集团成为赢家。他关注的重点是把国际管理集团打造成一个传奇——整个企业的根基是协同增效，是建立一个互惠互利的非凡网络，而不是利益竞赛。

这就是你会在本书中发现的在如此多方面被歌颂的马克。他是一位永远不会忘记你的朋友，一位永远在寻找下一个新鲜事物的朋友，一位令人惊叹的远见者和一位富有企业家精神的天才人物。书中蕴含的智慧证实，我们仍然可以从他身上汲取到经验教训。

雷·凯夫（Ray Cave）

《体育画报》与《时代周刊》前编辑

实践智慧的定义：

一种应用型的对人的感知……主动地、积极地使用直觉、洞察和理解的能力。

——马克·麦考梅克

《哈佛商学院不会教你的商业策略》

引 言

我们的关系是基于相互尊重、相互赞赏和相互信任的关系。当我们首次建立商业合作伙伴关系的时候，我们把彼此的承诺视为纽带。除了一次握手，再无其他，这就是我们紧密联系的黏合剂。

——阿诺德·帕尔默

似乎很难相信现代商业体育始于一次握手，但这正是在 1960 年世界头号高尔夫球手阿诺德·帕尔默答应成为马克·麦考梅克的第一位大客户时发生的。结果证明，这一次握手永远改变了体育世界。

麦考梅克的伟大理念看上去很简单：他相信最优秀的运动员身上具有未被实现的商业价值，并且在帮助运动员以最大限度地发挥潜力方面有利可图。他为什么不代理体育人才，就像他在法律业务中代理客户一样？他的经验告诉他，为了实现这个想法，他需要一颗冉冉上升的明星，而作为一名高尔夫球手的他认识到阿诺德·帕尔默是个完美的合作伙伴。

这一真相存疑的握手是麦考梅克的国际管理集团（一个全球知名企业，它创造了一个全新的行业，专业代理运动员并参加世界各地不断扩大的商业活动，以及通过电视传播进入渴望商品的体育迷们的家中）的开端。世界真的再也不同了。

广播节目主持人阿利斯泰尔·库克（Alistair Cooke）将麦考梅克作为其节目《美国来信》（*Letters from America*）的一个主题。对于库克来说，麦考梅克的影响力是明确的：

> 麦考梅克是一位先知……（他是）人才产业的创造人，是使人们在其职业领域成名并闻名天下的制造者，并在这一过程中将他们变成一种财富……他将已经在其职业领域小有名气的人拉为客户，比如高尔夫球手、歌剧演员、作家、足球运动员、赛车手或小提琴演奏家。另外，如果有特殊需要的话，首相甚至教皇也时常成为他的客户。

随着国际管理集团的发展和壮大，麦考梅克作为商人和企业家的声誉也在不断上升。难怪人们想了解他要说些什么，于是畅销书作家马克·麦考梅克登场了。当《哈佛商学院不会教你的商业策略》于1984年首次出版时，它成为当时的畅销书，在《纽约时报》畅销书排行榜榜首占据了21周，全球销量超过100万册。

对于这本书，作者本人表现出一贯的坦率：“我写《哈佛商学院不会教你的商业策略》不是为了抨击一所优秀的商学院，或是吹嘘我在25年的商战中取得的胜利。坦白地说，这本书的诞生是因为我想写下我对多年从商经历的一些感悟。”他的目的不是写出做生意的权威指南，而是分享他自己关于“实践智慧”践行者的想法。实践智慧被定义为能够运用直觉、洞察和理解来阅读人和商业信息并做出相应行动的能力。“实践智慧”的概念就此诞生，它利用一则逸事从现实商业世界中汲取生存经验和有价值的商业情报。在《哈佛商学院不会教你的商业策略》出版之后，麦考梅克又出版了多部著作，甚至创办了《成功秘诀》（*Success Secrets*）企业内部通讯。《哈佛商学院不会教你的商业策略》今天仍在印刷，这不仅见证了麦考梅克的愿景，而且证明了他的商业策略与战术，以及他传达其想法的简单实用方式的持久吸引力。

麦考梅克于2003年去世，但他的遗产和商业理念留存。在《哈佛商学院不会教你的商业策略》的序言中，他写道："为哈佛商学院说句公道话，它们不教你的是它们不能教你……"《超越哈佛——麦考梅克不同凡响的商业智慧》是伴随着这份理念而撰写出的，它通过汇聚一系列的新实践智慧来颂扬麦考梅克的才华。这些实践智慧是基于了解麦考梅克、与其共事并受其影响的人们的采访——他们是来自著名的麦考梅克朋友圈中的同事、客户和看似竞争的对手。本书是对《哈佛商学院不会教你的商业策略》诚挚的致敬，以一批来自体育和商业领域的杰出贡献者为主角，展示了他们与麦考梅克的一次邂逅是如何永远地改变他们做生意的方式的。

同时本书对于为什么麦考梅克不仅能够建立全球企业，而且对全世界的体育产业产生如此革命性和持久性的影响提供了一个视角。

麦考梅克的前法律助理，也是麦考梅克雇来帮助他发展国际管理集团的第一人杰伊·拉法维（Jay Lafave），对这一问题进行了认真思考，没有任何人比他更能提供一个有分量的答案。

> 为什么马克能够走得这么远，并且做得这么好？这个问题没有单一的答案，我认为有很多方面促使马克获得了他被认可的成功。

- 马克很聪明。他兴趣广泛，而且在绝大多数社交群体中都能被轻松接纳。

- 马克悟性很高。这与仅仅只是聪明又有些许不同。他比大多数人更能注意并吸收到优质的东西。
- 马克有着惊人的工作能力——做大量的工作。他督促自己比其他人更加努力工作，或者至少是同样努力——在黎明之前就早早开始工作，直到晚饭后，不管是在办公室还是在旅途中。
- 马克极其善于整理，他的工作效率极高。他的外套口袋中装着著名的 3×5 索引卡片——他为每名工作人员、每个客户和每名与他开展业务的人员都备有一张或两张卡片。索引卡上的内容也会被复制到著名的黄色标准拍纸簿上以建立他定期访问并更新的“实时”列表。在这个整理的过程中，马克会停下来思考每名员工、每个客户和每项业务所处的状态，这使他脑海中的所有事情都具有良好的组织性和正确性。
- 马克一向很守时。马克总是准时的，这意味着他在任何计划开始之前都已经做足了准备。这在马克的电话预约上表现得尤其明显。如果他在几个星期甚至几个月之前告诉你他大约会在早上 8 点 15 分给你打电话，那么你最好提前做好准备，因为无论马克在什么地方，他都会在那个时候打来电话。
- 马克为自己和周围其他人都设置了高标准。他想要做到最好，想要周围的人也都做到最好。马克总是在他舒适的范围之上设定一个最高目标。
- 马克专注于效益。对他来说，这是一种支配性的专注。
- 马克是一位具有前瞻性的思想家，他总是关注未来。
- 从最开始，马克的思想就具有国际性。他的早期客户包括已经赢得公开赛冠军的南非高尔夫球手加里·普莱耶（Gary Player）以及新西兰人鲍勃·查尔斯（Bob Charles）。马克相信一名杰出的高尔夫球手无论在哪里，都能够赢得重量级的赛事，并战胜最优秀的对手。这种国际视野塑造了马克正在发展的“同一个世界”的商业思维。

- 马克总有办法激励那些为他工作以及与他共事的人，因此他是一名成功的领导者。在我看来，为马克工作以及与其共事的人都会感到和马克有着某种内在的联系。他们成为马克以及后来的国际管理集团忠实的支持者。马克显然是一名出色的领导者，他有办法使每个人都感受到自身真正的重要性。

这些品质综合在一起，使马克略微领先其同辈人一点点。让我们追溯到 20 世纪 60 年代，那时人们常常谈论关于寻找“百万美元的主意”。然而，很少有人可以从“百万美元的主意”中真正获得百万美元，而马克是这个少数派中的一员。

你将在本书一次又一次地看到这些“品质”，无论来自麦考梅克的国际管理集团资深同事，还是从国际管理集团的企业文化中受益的新员工，抑或那些从未在个人层面上认识麦考梅克但时至今日仍然受其影响的一代贡献者，包括以马克命名的马萨诸塞大学体育管理学院的毕业生们。

和《哈佛商学院不会教你的商业策略》类似，本书被划分为三个主题板块，重点关注“人际关系”、“谈判”与“发展业务”的实践智慧领域。每个部分涵盖了一系列逸事和经验，旨在绘制出一幅关于麦考梅克经商方式的图景。

最后，让我们引用阿诺德·帕尔默的话来做总结：

我从未有一个时刻后悔过将自己的未来交到马克手中。事实证明，这对我们双方来说都是正确的事，我们取得的成功超越了我们最疯狂的梦想。

我们希望接下来的内容也会为你取得商业成功提供一些建议。

第一部分

人际关系

第一章

建立关系

归根结底，商业情况是人的情况。

《哈佛商学院不会教你的商业策略》一书的开场部分关注于人这一主题并不是偶然的。马克·麦考梅克坚信，理解人以及他们的动机，并运用这种理解建立持久的关系是企业成功的基础。这也许听起来很简单，其实不然，这需要技巧、奉献精神和大量的实践智慧。

与《哈佛商学院不会教你的商业策略》相似，《超越哈佛——麦考梅克不同凡响的商业智慧》把“人际关系”作为开场。以下章节充分呈现了关于如何建立和培养人际关系——与同事、客户和供应商等——的例子与建议。发展和运用这些人际关系是对实践智慧践行者的本质要求。

当世界银行前行长金墉（Jim Kim）第一次与麦考梅克的建议不期而遇时，也许很讽刺，金墉正在哈佛大学读书。对于金墉来说，对人和完成事情的切实关注，使他从那些他称之为“研究室战士”的数据和学术论证的“每日食谱”中脱颖而出。金墉致力于建立深厚的人际关系、找寻和支持出色的人才，这些任务伴随了他的整个职业生涯。他为我们关于“建立关系”的第一章提供了一个具有说服力的开场，并预见了接下来的很多主题。

良好的人际关系有助于商业关系的顺利进行。你不需要与每个人都成为最好的朋友，但是对人表现出兴趣，并且在正式的商业环境之外与他们共处将被证明是非常宝贵的。**人们确实喜欢和他们喜欢的人做生意。**麦考梅克是一位运用非正式社交活动来建立商业桥梁和创造联系的大师，这些活动最可能发生的地方是在温布尔登或切尔西花卉展（Chelsea Flower Show）等国际管理集团的招待帐篷里。但是，正如他的朋友和商业伙伴戴维·吉尔摩（David Gilmour）所说的，有时这些活动也发生在最不可能的地方。根据鲍勃·莱瑟姆（Bob Latham）的说法，麦考梅克就是“领英职业社交网络（LinkedIn）出现之前的社交网络”。人们能够充分享受链接技术和人际关系网络，因此，努力地把人们联系在一起并向他们慷慨地开放你的人际关系网络，永远是值得的。

但是，绝不要吝啬在了解人们以及理解是什么使他们发挥功效、是什么激励他们方面多花费些时间。在这个方面，麦考梅克拥有著名的“阅人”技能——倾听和观察的能力、注意自身的优势和劣势、培养洞察力（这些表述都来自他的同事和商业伙伴）。麦考梅克的“阅人”技能还包括表达对客户的同理心的能力。同理心导致信任，这是所有商业关系的基石。国际管理集团前主管朱利安·布兰德（Julian Brand）告诉我们，在建立国际管理集团与国际橄榄球协会（IRB）关系中同理心的重要性；伊恩·托德（Ian Todd）与霍华德·卡茨（Howard Katz）展示了同理心和理解是如何打造出最好的内部关系的。

在保持关系上投入时间对于生意的发展和延续也至关重要。**建立和保持关系往往是一场漫长的竞赛。**罗伯特·克拉夫特（Robert Kraft），美国职业橄榄球联盟新英格兰爱国者队（New England Patriots）的老板，在多年前就认识了麦考梅克。尽管他们在头 20 年都没有在一起做生意，但是当时机成熟时，在他们彼此信任和了解的基础上，一通简短的电话就能达成交易。就算没有直接的商业理由，我们也要花时间维持人际关系。这让我们想起了高尔夫球手杰克·尼克劳斯（Jack Nicklaus），他和麦考梅克一直向对方敞开合作的大门，这最终促成了尼克劳斯的职业生涯中最赚钱的一笔交易。

将人际关系置于商业中心的策略意味着**你还要努力塑造一个良好的印象**。你的行为方式——用麦考梅克的话说来说，即“你对自己有意或无意的陈述”——真的很重要。这就需要你表达一致，陈述事实，表现得耐心、慷慨和谨慎。对于全英草地网球俱乐部（All England Lawn Tennis Club，简称 AELTC）的前首席执行官克里斯·戈林奇（Chris Gorringe）来说，这种商业诚信是建立温布尔登品牌商业发展基金的首要前提，否则一切都是空谈。

你也需要**为任何类型的商业交流做好准备**。提前做好“功课”、尊重商业伙伴以“占据上风”，这会提高你的洞察力并有助于你建立联系，这同样会给人留下深刻的印象。国际管理集团的盖伊·金宁斯（Guy Kinnings）说，麦考梅克能够回忆起会见客户时非常特别并且令人惊叹的大量细节。通常，正是这种人情味才能产生重要的影响。

接下来的故事将展示麦考梅克在建立人际关系上的能力对同事和客户产生的巨大影响。很多人已经把他的建议和技巧运用到了他们自己的商业实践中。现在同样也是向他们学习的时候了。

人际关系王牌理论

当我第一次看到马克的商业建议时，我还是哈佛大学的一名医学研究生，那时我正在帮助运营一个致力于为全球最贫困地区提供医疗服务的非政府组织。我在全球一些最优秀的医院之间来回奔波，去哈佛大学的研讨室，去拉丁美洲那些极度贫困的村庄。处于那种不和谐的对比中，我发现马克的见解对我总是很有帮助。哈佛大学到处都是"研究室战士"，他们会对晦涩的观点进行滔滔不绝的辩论。他们有时带有偏见地认为，赢得这场辩论意味着超越了课堂学习。我所赞同的观点是，在学术环境中，你必须在追求真理的过程中坚持不懈和毫不妥协，数据和学术论点才是关键。我不认为马克会放弃这些追求，但他会一再重复：人生的成功在于人际关系以及你给人们带来的感受。普利策奖得主马娅·安吉卢（Maya Angelou）后来说了意思几乎相同的话："我已经认识到人们会忘记你所说的和所做的，但人们绝不会忘记你给他们带来的感受。"

这些年来，在与认识马克并与他做生意的人的交谈之中，我清楚地了解到，他是以一种深刻的方式来理解人类的，更重要的是，他真正将这种方式运用到实践中。马克帮助我认识到，如果我们不重视这些问题，比如优质的管理、与原先可能是我们敌人的人发展良好的人际关系，以及一种对向马克这样杰出的人来说很正常但在很多学术环境中少有的纪律，那么要实现我们终结贫困或为艾滋病以及在最贫困的环境中的其他复杂医学问题提供治疗的崇高理想，将不会成为可能。因此，人生中许多值得去做的事情都是要求人们成群结队地去做他们通常不会做的事，而且我知道马克的建议将被证实比仅仅试图赢得辩论或成为房间里最聪明的人更有帮助。

马克帮助我了解到，最伟大的成就和最非凡的目标是，领导者要与人们建立深厚的关系、找寻出色的人才并支持他们取得成功。在我曾经面对的所有挑战中，领导和支持是最困难的，也是最值得的。在马克的早期启发下，我继续与一位杰出的导师——马歇尔·戈德史密斯（Marshall Goldsmith）共事，并在每一天都致力成为一名更优秀的领导者。

——金墉

联系可以在最不寻常的地方达成

大约在 1970 年，我曾待在加利福尼亚的贝弗利山庄酒店（Beverly Hills Hotel），当时那里被称为粉红宫殿（Pink Palace）。那里最受欢迎的一个休闲室是保罗酒廊（Polo Lounge）。有一天晚上，酒廊已经关门了，留下了几个想要睡前喝一杯的客人（包括我在内）。有三条长凳被并列放置在一起，我坐在中间的一条长凳上。我左边长凳上坐的是弗兰克·西纳特拉（Frank Sinatra），右边长凳上坐的是一个我不认识的人。

当我们正在喝酒的时候，厨房的侧门猛然被打开，闯进来一个摄影师，他拿着一个带大闪光灯的大相机。弗兰克正与一个女人坐在那儿，摄影师直接冲向弗兰克，把相机猛地推到弗兰克的面前。弗兰克毫不犹豫地站了起来，从桌子上拿起烟灰缸，砸到摄影师的脸上，把他打晕了。这一切都发生在我面前。我低下头，摄影师毫无意识地躺在我脚边。与此同时，弗兰克回去坐下，点燃了另一支香烟，平静地继续吸烟并与他的同伴说话。

整个事件让我有些震惊。我转向右边，看见这个人坐在另一条长凳上盯着我。他是马克。我们互相看着，耸了耸肩。我抬起摄影师的脚，马克抬起他的肩膀，我们把他抬到厨房，让员工打了报警电话。我们再也没有在新闻中或其他任何地方听说过这件事。然后，马克和我开始聊天。一小时后，我们意识到我们有共同的兴趣，于是我们安排在第二天早晨一起吃早餐，这就是毕生的友谊和商业关系开始的地方。你永远说不出你会在什么地点和什么时候与别人建立联系。

——戴维·吉尔摩

保持大门敞开

1961 年年末，当我正要变成职业球手时，我第一次从商业的立场与马克进行了交谈。作为一名业余爱好者，我享受过成功，但我相信，要成为顶尖的职业球手，我需要击败那个最优秀的球手。这意味着我的技术水平必须达到专业水平。同时我想知道，如果我决定转成职业球手，那么我可能会得到些什么。当时在这个行业里，除了马克，没有其他人会与我合作，并且他已经与阿诺德·帕尔默和加里·普莱耶展开了合作，于是我便追随了他。直到 1970 年我都一直留在马克身边，在那个阶段，我赢得了不少比赛，其中包括七个职业大赛冠军。虽然当时没有世界高尔夫排名，但我可能被认为是世界第一的高尔夫球手，因此，我觉得我的经济状况会变得更好。可以理解的是，马克优先考虑的是阿诺德，然后是加里，并且那时候他还签下了其他运动员，所以在我看来他对运动员的推广做得很不到位。成为先驱者意味着不可避免地会有成长的痛苦和教训。我认为他需要开放，并需要将更多有才能、睿智的人纳入他的生意中。

在接下来的 25 年中，我与马克保持着良好的关系。我欣赏他，并且当时我们没有业务冲突，所以我们相处得很融洽。我们常常见面，并且会坐下来聊天。当我离开去创办自己的公司并管理自己的业务时，我们并不是敌对的，仅仅是因为我认为我可以做得更好。

20 世纪 90 年代中期，我逐渐结束了我的竞争性职业生涯，正在寻找可以接手我那正在发展中的国际品牌并将其作为我的家族遗产继续前行的人。在那之前，我一直都是亲力亲为。我认为回归马克并重新雇用国际管理集团是一个好主意。马克当然非常高兴。他亲自与苏格兰皇家银行谈判，并为我准备了一份合同——这可能是我所见过的条件最好的合同。我想他会亲自处理这笔生意的每个方面，因为他曾对我们 20 多年前第一次合作方式导致的结果感到失望。最终，他谈成了这笔生意，把合同交给了我，然后把这单生意移交给他最优秀的一位同事。

在 20 多年的时间里，我们都成长了很多。不用说，我认为马克认识到他在之前可能没有做到那些他应该为我做到的，所以这一次他极力确保与苏格兰皇家银行的交易顺利进行，而且他确实做到了。他做得真的很好。重要的是，我们保持着良好的关系，增进了友谊，并为未来的事业敞开了大门。

——杰克·尼克劳斯

表现出同理心

有一种错误的观点认为，成功的销售人员都是能说会道、性格外向的，他们可以用一种“接近、接近、接近”的销售风格来诱导客户购买产品。在加入国际管理集团之前，我接受过正式的销售培训，并且被灌输了“建立关系，回答异议，然后接近”的理论。

马克擅长的是销售环节的关系部分。产品能够满足客户的需求、价格公道合理都是销售的前提，而顾客想要从他们喜欢并信任的人那里购买产品。表达对客户目标的同理心和理解的能力，同时通过个性和幽默对销售流程加以人性化，这对使得你自己“被喜欢”大有帮助。

我们与橄榄球理事机构国际橄榄球协会的关系恰好体现了同理心与理解的重要性。1991 年，国际橄榄球协会任命国际管理集团为其国际体育营销代表，并代理出售其四年一度的橄榄球世界杯赛事的所有赞助权和电视版权。而在此之前，这项交易仅涉及一场比赛。我们为此制定了一些远大的销售目标，我们有信心实现这些目标。我们更多的是对于第一个四年后会发生什么而感到的担忧，特别是作为对这项运动知之甚少的总部设在美国的国际管理集团来说，可能不会被视为将橄榄球王牌赛事推向未来的最佳选择。

我们从早期阶段就很清楚，仅仅提高国际橄榄球协会的营业收入是不够的。于是我们便着手真正了解它们的业务和它们的问题，积极而屡次在没有指导的情况下建议它们改进营销方式。这不完全是为了钱，国际橄榄球协会希望比赛能够尽可能吸引更多的观众。

布丁好坏，不尝不知。国际管理集团仍然代理国际橄榄球协会来营销橄榄球世界杯。虽然我们帮助橄榄球世界杯成为世界上最大的体育赛事之一，但我相信，这种关系持续蓬勃发展的主要原因是我们花时间理解并践行了国际橄榄球协会的真正目标，以及双方管理者之间建立的坚实的个人关系。

在国际管理集团监管各个销售部门时，我一直努力确保我的团队坚持这一原则。当我给国际管理集团的实习生授课时，我总是用这句公认的道理来结束我的报告——“人们喜欢与他们喜欢的人做生意”。这是我在我的整个职业生涯与个人生活中随身携带的经验。

——朱利安·布兰德

对你的关系网慷慨大方

我有幸为几位杰出的董事长工作，包括克里·帕克（Kerry Packer）与马克。克里和马克是亲密的朋友和商业伙伴，这是一段时间以来建立起来的坚实关系。克里在 20 世纪 70 年代提供的财务支持使马克熬过当时的困境，并且这种支持是相互的。

克里和马克在社交和人际关系方面有着截然不同的方式。克里对其在全世界的合作伙伴非常挑剔，他不去寻求未来的商业机遇或个人机会。而马克的方式具有全球性，他会全身心地致力于拓展人际关系——这项工作会产生一个巨大的关系网，对马克和关系网中的其他人都具有价值。

马克在开放他的关系网上也非常慷慨。马克一度将克里介绍给杰克·克雷默（Jack Kramer）——曾是世界排名第一的网球选手，并且在之后的职业网球的发展中成为最重要的人物之一。那时候，克里执着于建立世界职业板球系列赛（World Series Cricket），这挑战了板球对抗赛（Test Cricket）的既定秩序，而关于如何把一项业余运动发展成为一项职业运动，杰克做出了突出的贡献。这是马克与克里关系中一个非常重要的方面，马克有能力为其关系网中的各方牵线搭桥。所以从某种意义来说，马克推动了世界职业板球大赛的发展。

通过马克，我们能够与负责发售电视转播权的机构的董事长和总裁建立私人关系，这也巩固了我们之间的长期合作关系。马克在这方面毫不吝啬，也不把这些关系据为己有。他很高兴我们能与对方建立起属于自己的关系。如果对方来到澳大利亚，我们会招待他们。同样，如果我们在英国，我们会在温布尔登等地举办的活动中与他们会面。马克有将每个人都汇聚在一起的能力，但同时也代表了双方。归根结底，我们总是通过马克进行生意谈判的。我们发现，与这些机构负责人的私人关系对我们很有好处。这就意味着如果有一家机构与我们争夺电视转播权，那么在这种情况下，就如同任何争议球的判罚一样，结果都会对我方有利。

马克与克里的个性完全不同，所以我会观察马克的表现。我注意到马克与员工和客户都会保持沟通，并且看到了他在建立关系和维护业务方面的优势。这是我学到的最重要的一课，也是我一直在努力效仿的东西。

——林顿·泰勒（Lynton Taylor）

调整你的节奏

马克是一个极其迅速的决策者。如果他在脑海中有一些想法，那么他会希望快速处理这些想法，并能够继续下一步。如果他需要信息或报告，他希望能快速获得。他喜欢结交那些以相同方式工作并理解他这种决策行为的人。我在国际管理集团遇到的所有高级管理人员在这方面都令人难以置信地一致。这几乎就像与他们的企业文化相匹配地刻在他们的基因中。

在马克的世界里，只有快速实现业务的发展，才不会丧失机会。但是，那不是我们的世界。在手表生意中，产品创新或技术进步都需要时间，不能急于求成。马克意识到了这一点，并会征求我的意见，特别是当他的好朋友——劳力士董事长安德烈·海尼格（André Heiniger）将这项生意交给他的儿子帕特里克（Patrick）时（马克不太了解帕特里克）。马克会问我：现在是否是提出合作建议的正确时机，还是再等一个月？

因为我不能参与到两家公司之间的商业交易中，所以我以个人身份给予他意见。我的意见是在与劳力士做生意时永远要放慢速度，不要对它施加压力而使其不快。马克总是会倾听，知道最好是等待一个更合时宜的会面机会，而不是通过强制手段来干扰别人，就算加快节奏可能更符合他做生意的惯常方式。他知道并理解，有时候，节奏必须由与你共事的人控制，即使这与你通常的工作方式相去甚远。

——伯特兰·格罗（Bertrand Gros）

慢慢来

能够调整你的个性和期望以适应你的观众是一项很棒的技能。在我和马克的第二次会面时，我们在早上9点零6分会面，然后一起乘坐电梯。电梯下行13层加上上车前的一段路程，这意味着我们有一分半的时间来谈论他想谈论的任何事情。

相比之下，我们于温布尔登的会面会持续一天。当马克了解到这件事对客户很重要时，他可以就衬衫上的纽扣是否被正确缝制而愉快地谈上两个小时。他会花足够的时间来证明他是如此关注某件小事，那么想象一下，在处理大事情的时候他会怎么做？让你的观众感到舒服，并且欣赏你在不强加自己意愿的情况下以他们的速度推动进展，这既讨人喜欢又可使人放下戒心。这也是国际管理集团和温网主办方之间的关系如此持久的另一个原因。

——伊恩·托德

每个人都同等重要

自我的网球生涯伊始，国际管理集团就为我做代理，但在我17岁左右时，我离开了国际管理集团一年。那一年，国际管理集团突然接收了很多运动员，而我的父母觉得我没有得到足够的个人关注。我和这些运动员被打包出售给另一家机构，我是那个机构中唯一的女性，这意味着它会在我身上投入更多的时间和精力。我们与国际管理集团进行了多轮磋商，因为离开国际管理集团是一个重大的决定。但是，我决定不去打扰马克，这对他来说肯定是一件小事。我想他真的不会在乎。

之后他说："你为什么不来找我？"我解释说，他有很多更重要的事需要处理。对于我这样想，他感到很难过，并且表示他关心每一个人。他说只要我与他沟通交流，他就会解决任何问题，并能够让我拥有自己的代理。

对于他这样的关心，我感到很吃惊。这件事向我表明了他是怎样的一个人。他身处一个涉及多个不同领域的组织的顶端，而他在意并关心所有事。当时我还很年轻，我的离开更多的是我父母的决定，但在与马克谈过之后，我告诉我的父母我们应该考虑回来。我在一年后回归国际管理集团，完全是因为马克。我知道如果我需要任何东西我都可以直接去找他，因为我完全信任他。我并不是公司里最大牌的明星，但我永远感到被包含在内。

——玛丽·乔·费尔南德斯（Mary Joe Fernandez）

情商的力量

创新领导力中心（Center for Creative Leadership）称，75% 的商界领袖因缺乏情商而失败。位置越高，冒的风险就越大。马克把情商称作"人际智能"。他的方法是：运用你的洞察、倾听和直觉来阅读人们并最终实现你的目标。你越理解你所打交道的人及他们所处的环境与形势，你就越有可能实现你的目标。

单靠优秀的工作却没有情商是不会带来成功的。从个人经验来看，我从来没有想过玩这个游戏，或把玩政治，抑或承认我是一个在男人的世界里摸爬滚打的女人。我只是想在努力工作、交付成果的基础上实现晋升。后来，我晋升到部门主管，意识到我必须学会玩这个游戏。当你达到副总裁或高管级别时，这一点更为重要。你必须培养驾驭能力——能够驾驭你需要的、公司需要的、你的同事需要的，以及你的老板和董事会需要的东西。有许多利益相关方会为你的成功做出贡献，所以你需要培养洞察力和情商，从而制定出取得成功的正确策略。

“政治”这个词经常有一个负面含义，但是如果你从“能帮助你赢得比赛并取得成功的渠道与情商”的角度来看待它，那么它听起来就会非常正面。马克提到过，那些抱怨办公室政治或不想在自己身上投资并玩情商游戏的人总是会成为受害者。我告诉人们，我的成功完全取决于我自己，而我的周围有很多人可以帮助我。我需要身边那些可以助我成功的好人，如果我成功了，我会明白这是因为我驾驭了这场游戏；如果我失败了，那是因为我搞砸了。你要对你自己的成功和失败负责。

——斯泰茜·阿拉斯特（Stacey Allaster）

理解人们的动机

在我加入国际管理集团后不久，马克邀请我一起共进早餐。他听说过关于我的一些赞美之词，但我们彼此真的不了解对方，所以这是一次有意思的会面。用餐期间，他重点询问了我的职业目标与经济目标。那时我只有 24 岁左右，因此我从未想过这些事。但马克让我明确表态我在 30 岁时希望能挣到多少钱。他有双重理由：一是他希望我思考我职业生涯中特定阶段的经济目标与其他目标，二是他要确认他对实现我的这些目标是否能够提供帮助。我有目标并且他能确保这些目标在国际管理集团可以实现，这是很重要的。如果他希望或认为我会作为一名高级管理人员为他工作，那么他不想错失任何机会。鼓励这种积极主动的思考是明智的，并且他将希望我成长发展的念头注入我脑海，给我留下了深刻的印象。

当我在将近十年之后离开国际管理集团时，他尊重我想要拓宽我的工作范围的意愿，但我们就此进行了多次谈话。他想明白为什么我觉得在国际管理集团无法完成我想要的一切。对他来说，了解我为什么必须离开才能实现职业目标是很重要的，这主要是为了避免这种情况的再次出现。这次他无法掌控，但他希望将来能够掌控。他还请我做出关于公司状况与我本人观察的详尽报告。我花了很长时间书写，毫无疑问，这是我欠他的。无论是在国际管理集团职业生涯的开始还是结束，马克都花时间了解我的动机，并帮助我思考对我而言重要的事情以及原因。

——霍华德·卡茨

了解人们的所思所想

如果你拥有“阅人”的技能，那么这将大有裨益。

出于某种原因，我曾想过要与其他几个人一起离开国际管理集团，并把我签约与代理的比约恩·博格（Bjorn Borg）带走。马克收到了风声，并建议我们一起吃个早餐。当我们见面时，令人惊讶的是，他非常友善，而且似乎在某种程度上很欣赏我有自己的想法。我们进行了非常友好的交谈，最后他赢了这一回合。他有一项令人难以置信的能力，他知道哪些按钮按下去会让人感觉良好。他说：“我已经取消了今天一切别的事务。只要有必要解决这个问题，我就会花些时间来解决它。”我了解马克对时间的管理，所以这直截了当地让我感到我对他及组织来说很重要。

他继续说道：“我希望解决这个问题，而且如果我做到了，那么我保证以后绝不再提及。”他很聪明，他知道这会吸引我。我内心并不是完全想要开始一项新的冒险行动，而马克的意见左右了我的想法。他控制局面的能力以及他对我的理解对我来说很重要，这意味着我没有离开去做自己的事，事实上，我在国际管理集团又待了20多年。我们解决了我们之间的分歧，他也遵守了他的诺言。之后在公司期间，他从来没有提过我要离开的计划，哪怕带有调侃或者在他对我恼火的时候。

——伊恩·托德

挽回面子

提到商务会谈，马克会说，在可能的情况下，最好是进行一对一的谈判，而不是举行小组会议。举行小组会议也许是有必要的，但通常应在个人会面时做决定或进行合同商定。这在很大程度上是由于“挽回面子”这个观念决定的。强大的人不喜欢在下属面前丢脸。如果两个人私下协商一致，即使这意味着不得不在交易中做出让步，任何一方都不会在外面没有面子。谈判双方在走出会议室之后都可以说“我们已经协商一致”。多年来，马克都代表我们与英国广播公司（BBC）体育负责人达成交易，这种一对一的谈判也是我一直遵循的做法。

挽回面子的观念在很多商业背景中都很重要，而在某些特定文化背景下极具关键性。迪拜在2009年的经济危机中受到了严重打击并面临严峻的挑战。我们为将在该地区举办的网球巡回赛准备了牢固可靠的合同，但现在看来似乎缺乏经济可行性。很多人建议把这些问题留给律师去解决。但是，我能够想到一旦牵涉第三方将会是多么的糟糕。相反，双方秘密达成协议将会好得多，没有任何人会没有面子。我们决定自己解决问题而不诉诸律师。虽然我们做出了让步，但与我们在法律费用方面的开销以及牵涉他人可能给我们关系造成的伤害相比，这点让步微不足道。令人高兴的是，比赛继续进行，我们的关系得到巩固，同时迪拜世界巡回锦标赛（DP World Tour Championship）成为网球巡回赛中的常规赛事。

——乔治·奥格雷迪（George O’Grady）

做点研究

马克对客户有极大的兴趣，他总是会问起他们最近发生的事。即使在我资历尚浅的时候，每当他在伦敦，我都会和他在一起待上 20 分钟并谈论客户。当我签下一名球员时，我总是习惯地说我们应该去找马克喝杯茶。他们是在与一家大型全球化公司签约，而这家公司更加注重其创始人的激励和指引。我会对此解释：马克是一位有远见的人，他在许多其他事项的包围中创立出了世界比洞赛（World Match Play）和世界排名（World Rankings），见见他于你无害。对于很多人来说，这很好理解，但对于一些年轻人来说，他们的态度更倾向于“我们需要这么做吗？我们能谈些什么呢？”。我会告诉他们，以我的经验，只要跟马克一起待上 20 分钟，他就会提出一些相当有趣的想法，而不会是一些陈词滥调。

我曾经签下一位马克已经追踪数月的客户，我打电话告知他，我已经安排了他与马克会面。他的回复是：“太棒了，我想见他。”当他们见面时，马克告诉对方，他记得对方何时赢得了危地马拉业余球员（Guatemalan Amateur）联赛冠军，那是他第一次注意到这位球员。对于马克对他有这么多的了解，客户大吃一惊。这是一个惊喜，我知道客户对此印象深刻。客户情绪高涨，随后，我们就一个全球性球员的重要性进行了非常愉快的谈话。与往常一样，马克在致力于了解他的客户并对此做研究方面已经起到了作用。

——盖伊·金宁斯

确保你准备好了

为了让一段关系脱颖而出，你必须投入时间进行准备，这绝不会被认为是在浪费时间。马克的准备是家喻户晓的。

在我进入房间之前，我必须做好准备。对与你会面的每个人都真正感兴趣是很少有人天生就具备的人格特质。在我走进房间之前，我努力让自己置身于正确的思维框架之中，以便我可以真正对房间里的每个人都有兴趣，从而开放、热情地倾听他们所谈论的内容并对其产生热情，就像马克所说的那样。

在最重要的会议之前，我会在我与出席人员的关系上花大量时间来准备。我努力理解他们面临的危机，他们说的重要的事，他们正在努力达成的目标，以及我们如何能够彼此帮助。如果对方可以看到你认同他们目标的重要性，并且你正在竭尽所能地帮助他们完成这些目标，那么这段关系就会得到发展。

在我与一些人见面之前，我会思考对他们来说重要的事情，以便取得开门红。比如，当我去见联合国前秘书长潘基文时，我用韩语与他交流。我用这种礼貌的语言形式与他说话，明确地表示他是我的前辈和上级。在我们一起参加国外访问时，我跟在他身后两步，并坚持由他来领导代表团。我用韩语对他说：“我只是在为你拎包。”他笑着说：“当然不是这样，我们是平等的。”但是我在了解他并以这种方式与他交谈上所做的努力在文化上是相通的，这使得我们形成了一段非常温暖且富有成效的关系。

在每一种情形下，无论是与国家首脑或与海地农村地区的村庄负责人的会面，我都会尝试自问：这些人正面临着怎样的困境，我可以做些什么来帮助他们完成一番事业？如果你能找到一个令人信服的答案，那么你往往就可以将他们列入你日程表中的扶持名单里。

——金墉

小智慧

马克教会我要永远对参加活动或聚会的人做研究。在参加活动或聚会之前，我都会让我的助理调查谁会出席。我会做笔记，以便在需要时可以瞟一眼。如果你在每次活动或聚会上都能对每位出席者的情况了如指掌，那么人们会对你刮目相看。

——琳达·库珀（Linda Cooper）

保持本真

在1968年的格勒诺布尔冬季奥运会之后（琼-克劳德在此赢得三枚金牌），我收到一份难以置信的工作邀请。一家好莱坞代理机构会在我接下来的人生中向我提供2 000美元的月薪。在那时这是一个不可思议的数目，特别是对于像我这种来自山里的人来说，这是闻所未闻的。但马克却没有那样做，这正是我所欣赏的，他没有做出任何经济上的承诺。他很实际，并且说话直截了当。我认为我是一个很准确的品格评判者，并看到他没有扮演任何角色——他并不想成为一个“超级”代理，或者一个朋友，抑或一个掌管一切的父亲的角色。他就是他自己——马克·麦考梅克，这正是我想要的。我和他签了约，因为他很专业，他懂得这门生意，而且他有一颗真心。

当时我几乎不说英语。在我们谈判期间，最初介绍我们认识的朋友为我们担任翻译。几年后，一次偶然的机会，我听到马克在对别人说一口流利的法语。我很惊讶，问他是否因我而练习的法语。他解释说不是，他学过法语，并且多年前就能用法语交流了。他当时只是选择不去说法语，这就是典型的马克，他完全值得信赖。当他第一次见到我时，他本可以用他的法语打动我，但他没有，因为他不希望让我分心。他淡化了一切，并专注于重要的事：相互尊重并建立我们的关系。

——琼-克劳德·基利

小智慧

第一印象很重要。当会见某人时，你要与对方坚定地握手，并给对方一个微笑且看着他们的眼睛，特别是商务女性，这些姿态表示你的自信、权威以及你对建立一种积极关系的兴趣。

——瓦尔·阿克曼（Val Ackerman）

规划、组织、发展

当一段关系运行良好时，它应令人感觉完全自然。但是，实际上，这需要规划、组织和发展。

当马克参加社交活动时，一切都会被记录下来。如果他和别人打网球，那么他会记下分数，并且年复一年地记录，以便做差点[①]的判定，无论是判给对方还是他自己。这是一个能够引起共鸣的话题，并能促成共同的兴趣。安排一场网球比赛看起来很自然，但这一切都代表着惊人的组织和深思熟虑。

建立一段关系有着不同的阶段。第一个阶段是社交，无论是一起外出吃晚餐，还是参加温布尔登的招待会，还是进行一场高尔夫球赛，或者可能只是进行一场职业–业余选手混合赛（ProAm tournament）。在社交阶段你可能会发现一个不起眼的一种与人更加亲近的手段。我曾经与一位非常有影响力的银行家参加一场活动，他的妻子是拉斐尔·纳达尔（Rafael Nadal）的忠实粉丝。我了解到这一点并把纳达尔的签名网球衫送给了她。我与这位银行家的关系在一夜之间就建立起来了。

第二阶段是增进已有关系。我们代理环意大利世界巡回自行车赛（Giro d' Italia World Tour cycling event），这是世界上最出色和最具挑战性的比赛之一。我们每年都会邀请一组特殊的客户，在专业车手比赛前骑上两到三段。一切都是按照最高等级组织的，但真正的好处是每个人都发挥了身体和精神的极限，以及促进了车手之间的友谊。它创造了一种独特的纽带——把人际关系转变成友情，这超越了商业上的往来。

同时，这也意味着如果有人滑倒或失败，我们会伸出援助之手。我们表现出作为朋友的诚意，而不是一个机会主义者。我们不断地邀请他们来温布尔登并参加一些聚会。在聚会上，我们可以将他们引荐给可能会对他们有所帮助的人。我们这样做仅仅是出于朋友义气，而当他们恢

---

① 差点是衡量高尔夫球员在标准难度球场打球时潜在打球能力的指数。——编者注

复状态时，他们会对我们记忆犹新。

——米歇尔·马斯奎里尔（Michel Masquelier）

合 作

在我被任命为特纳体育（Turner Sport）总裁之后不久，我们便着手扩大我们的体育产业。我们很快就了解到，在温网与美国全国广播公司（NBC）和 HBO（家庭影院频道）捆绑多年之后，投资温网将有利可图。由于 HBO 是时代华纳（Time-Warner）的姐妹公司，HBO 体育总裁塞思·亚伯拉罕（Seth Abraham）打电话告诉我，HBO 将退出谈判，但全国广播公司可能会与温网继续合作。当塞思主动向我推荐马克时，我已久仰马克大名并欣然接受了这个提议。于是马克、全国广播公司和特纳体育安排了一次联合会面。

我很快就坐在迪克·埃伯索尔（Dick Ebersol）的办公室沙发上，与马克、迪克和肯·尚策（Ken Schanzer）谈生意。我们探讨了全国广播公司、特纳体育和全英草地网球俱乐部三方之间交易的可能性。

我不会忘记马克对我的开场白，这立刻就反映出他对创新互动的重视。“如果我们合作，”他说，“那么这对我们所有人来说都会有一个好结果。”他的意见与我不谋而合。在未来几年与他的交往中，这种关系和信任感的建立通过每通电话、每场会议、每次用餐和每个社交场合得到增进和发展。

马克的合作方式并不仅仅是帮助房间里的人促成牢固的关系，还为他的客户创造价值。他能够将人们聚集在一起并在幕后达成交易，运作不同的元素，并将其完美地打包到全英草地网球俱乐部中。对于客户来说，他们需要的是一顿美餐，而无须看到厨房中的任何准备过程。

在我们成功推出温网后，我对马克表示公司希望在高尔夫领域做进一步的扩展。我知道国际管理集团代理了皇家古典高尔夫俱乐部，它们的有线电视转播权很快就会被抢走。马克和我与皇家古典高尔夫俱乐部的首席执行官彼得·道森（Peter Dawson）见了面，马克再次在信任和共同利益的基础上促成了一笔生意。我们建立了新的关系，同时各方都感到满意。马克当时以及随后在促进这种关系上的努力，促使高尔夫公开赛及其他赛事来到全国广播公司成为可能。全国广播公司自 2011 年以来一直是我的公司总部。最好的合作始终符合谈判中各方的利益，并且在建立信任和关系上花时间自然会带来其他商机。

——马克·拉扎勒斯（Mark Lazarus）

把人们聚到一起

当温网首次引进企业招待会时，马克打电话给我解释了这个概念，问我是否报名参加。我立即预订了首批六个大帐篷中的一个。这是我们经历的最好的客户参与方式之一，也是我们持续多年参加的一个活动。

企业招待会的好处在于，它创造了一个环境，让两个人可以彼此交谈，并发现彼此是否有共同的兴趣，它将关系转移到商务交易之外。与会者在这里可能会产生创意并能推进事情往前发展。大部分的商务都建立在关系之上，并且这种关系的建立不可能是约定俗成的。一个放松的环境可以让事情按照自身节奏发展下去。

马克充分理解关系与建立人际网络的重要性，而我也从中受益。在此，我举一个例子。通过马克，我见到了福特汽车公司（Ford Motor Company）的总经理本·比德韦尔（Ben Bidwell）。马克在苏格兰为劳力士举办了一场高尔夫邀请赛，我被邀请前往并拜访了劳力士的代表以及所有劳力士的合作方，比如福特公司（我当时从事的一项业务涉及汽车领域）。通过我与本的首轮高尔夫比赛，我们与福特公司建立了关系，之后又引出了我与福特公司首席执行官兼总裁雅克·纳瑟尔（Jacques Nasser）的会面。这有助于在为福特公司供应部件方面巩固我们的关系，并增进了我们的业务往来。

一旦马克将各方聚集在一起，商业利益可能会在各方之间流动并返回到国际管理集团。马克相信，通过他聚在一起的各方追求着共同利益，在相互尊重的基础上表现良好，并且会很好地反映在国际管理集团的业绩上。这是他对他的每一个关系所做的判断。他对人们的谨慎判断和通过把人们聚集在一起建立自己的人际网络的能力，是我多年来能体验到、学习到并对其加以发展的。

——克里斯托弗·莱温顿爵士（Sir Christopher Lewinton）

混 搭

马克就是领英职业社交网络出现之前的社交网络。在马尔科姆·格拉德威尔（Malcolm Gladwell）定义连接器这一术语之前，他就是一个连接器。他将这种连接器称为“整理系统”——一种跟踪人、时间和问题的方式。他是一个提示卡系统，他不断地记录以便能够立即回忆起某件事或某个人并及时跟进。虽然如今有更多现代工具，但我一直在使用类似的系统。我的电子笔记（有人可能会称之为数据库）是按地点、职业和其他因素整理的，但我认为它一点都不比马克的提示卡好。当我作为律师以及在体育运动中肩负我的责任时，我践行着他的经验。如果我长期在伦敦从事法律业务，那么我会尝试与来自橄榄球领域的一些人联系。如果我因为参加橄榄球活动而身处奥克兰，那么我会尝试与法律或商业方面的同事联系。

相同的道理，他非常享受把来自不同群体的朋友、客户和商业伙伴聚集在一起，并发现这样做非常具有启发性。有一次，完全出于巧合，我和他同时登记入住芝加哥四季酒店。他预先安排了晚餐。在就餐时，他对我说："加入我们吧。"自从我在多种场合参与了他的混搭社交后，我看到了混搭的好处（我与在马克社交场合中遇到的一些人保持着联系），并且总是寻找机会自己这样做。比如，我为在英格兰举行的橄榄球世界杯准备了相当长的时间。准备期间，我的很多来自美国的法律合作伙伴和客户来伦敦出差。我带他们一起参加橄榄球比赛和活动，并将他们介绍给这一领域的一些传奇人物。他们每个人的标准反应都是："现在我知道你为什么在这些事情上花这么多时间了！"

不要害怕生活碰撞出的火花。人们喜欢连接器和联系，因为它们可以加深人们之间的友谊，并且正如马克所说及证明的那样，人们更喜欢与朋友做生意。

——鲍勃·莱瑟姆

把人作为人来对待

当我第一次见到马克和他的妻子贝齐·内格尔森（Betsy Nagelsen）时，我还很小，才 13 岁。我在一次网球巡回赛中认识了贝齐，我一直很喜欢她，通过她我见到了马克。我的父母很快看出马克夫妇都是具有优秀品格的人物，这种品格比其他任何东西都重要。在那个阶段，每个人所做的一切都是为了签下你并为你提供所有。但马克夫妇向我展示了他们是怎样的人以及他们是如何看待我的，这些都意味深长。当马克说了些什么的时候，你不需要一纸文件或者 20 名律师来检查他说的话。

他是一位正人君子，这在我们的行业和生活中非常罕见。不管是在顺境中还是在逆境中，凭借理想的合作关系，你们可以就某事达成协议，并始终遵循这一协议。在顺境中双方很容易达成协议，但是在逆境中，双方的伙伴关系将接受考验。我很感激我的父母在马克身上看到了高尚的品格，并且随着时间的推移，我也看到了。

尽管我有国际管理集团的其他代理人，但马克给予我更多的关注，并会定期致电。他会打电话来说："嘿，我要去巴黎了。你也会去那里吗？一切都好吗？"而且他总会问"你快乐吗？"，而不仅仅只在意我的比赛成绩。

马克在我的复出中起到了巨大作用［1993 年，莫妮卡在德国汉堡比赛的中场休息时被一名激进的施特菲·格拉夫（Steffi Graf）球迷刺伤。当时，她 19 岁，世界排名第一，已经赢得了 8 个大满贯冠军］。在非常艰难的时候，马克和贝齐欢迎我到他们的家中，并给予我无条件的支持。他们在多伦多的加拿大网球公开赛上支持我，那是我在汉堡比赛两年多后的第一场比赛。他们来观看了我的每一场比赛。与马克的管理级别相同并且日程安排与其一样繁忙的人，他们无须这么做。

我不得不经历的是一次独特的体验。因为没有人曾面对这种情况，所以没有"如何对待莫妮卡"的模板。当时我是一名青少年，并且世界排名第一。我们在马克奥兰多的家中开了个会。马克对我说："你已经有足够的钱，再也不用打网球了。网球对你很重要，但无论你怎么选择，我们只是希望你快乐。"他的底线是把我看作一个人，而不仅仅是一个可以挣到很多钱的客户。他的话让我颇有感触。对马克来说，一旦他成为你的朋友，他就是你永远的朋友，而且是一个令人难以置信的忠实的朋友。对于我这种情况，他本应该琢磨收入从哪儿来，而这对他来说从来都不是问题。

——莫妮卡·塞莱斯（Monica Seles）

幽默：友情的真正测试

人们喜欢和朋友而不是陌生人做生意，尤其是与那些值得信任的行为正直的人。

马克建立了一个非常强大的商业伙伴网络，他对这些商业伙伴极度忠诚。有一个叫作 Eekcuf 的特别团体，它的成员——各大公司的首席执行官——会相聚在一个风景秀丽的地点（如格伦伊格尔斯），他们喝酒、聚餐、打高尔夫，相聚甚欢。这些出游活动极其成功，于是很快便成为一个“传统”——一个在日程上明确出现的年度盛会。一开始，他们其中之一说：“好吧，如果这要成为一项常规活动，那么我们最好有个名字。我们都在你身边做生意，马克，我们都被你套牢了，你就是个 REKCUF（倒着念，在英语中意为‘浑蛋’），我们就是 EEKCUFs（倒着念，在英语中意为‘被骗的人’）！”他们喜欢取笑马克，说他们都向国际管理集团的赛事活动出卖了赞助权。他们每个人都和马克关系很好，尽管他们知道马克盼望和他们做生意。即使一个玩笑意犹未尽，他都会考虑下一个商业机会或商业视角，而友情使一切更有可能发生。

马克总是希望我们采用同样的方法，在行业里广泛结友并建立我们自己的“传统”。如果你收到了参加高尔夫联赛的邀请，而你并没有进行任何业务联系，那么即使公司没有为此付费，并且这不是一个与工作相关的活动，他也会为此感到惊诧。如果你说你打算打高尔夫，那么他会说：“哦，为什么不带上美国广播公司（ABC）的节目副总裁？”

如果马克发现你没有将建立友情或培养人际网络的机会最大化，那么他会非常生气。你会得到一个无情的凝视，那天对你来说绝不会是一个好日子。马克了解充分利用任何机会来发展个人和商务关系的价值。

——阿拉斯泰尔·约翰斯顿（Alastair Johnston）

小智慧

幽默是沟通的好方法。在伊恩·托德离开国际管理集团时，马克发表了一个精彩的演讲，并掏出一张1973年伊恩第一次加入公司时的公务便签。马克的老板在发给马克这个公务便签上留言：“伊恩·托德提出了两个完全合理的问题，我不知道答案。一个是他将有多少薪水？第二个是他坐在哪儿？”

——巴兹·霍内特（Buzz Hornett）

遵循阿诺德·帕尔默模式

无论我们什么时候签订合同，无论原来的合同期限有多长，我们从一开始就在考虑续签，以及如何强化关系。这是我们签约的第一规则。作为对方给予我们的回报，我们将如何做出反馈？我们如何处理并维系这一关系，以便使我们双方都从中受益？

“我们”是一个有效的术语，正如我们与国际管理集团及高尔夫部门负责人盖伊·金宁斯的关系，这些关系和外部公司的关系一样重要。这是一个非常合作的关系，正如马克与阿诺德·帕尔默的关系。我在球场上和球场外与盖伊都非常亲近——他是我婚礼上的伴郎，我是他女儿的教父。阿诺德与马克关系非常密切，他们一起与多家公司建立了持续多年的关系。从他退休到87岁去世，阿诺德仍然是收入第五高的高尔夫球手。这是令人惊叹的，他也是我们所有人的榜样。年轻的球员应该留意。许多年轻球员只着眼当下，而我却在30年后就如何规划我的未来不断地思索。我已经与很多公司合作了15年以上，我为此感到相当自豪。

我们一直在寻找脱离航向的机会，没有理由在未来几十年里仍挣不到钱。这种方法和信念源于马克·麦考梅克和阿诺德·帕尔默以及他们对建立持久稳定关系的价值的理解。他们改变了体育世界，我们仍然在很多方面汲取着他们的经验。他们的关系模型是我们所有人都仰慕的。

——科林·蒙哥马利（Colin Montgomerie）

信任带来长久

国际管理集团与温网的关系始于 1968 年并延续至今。马克可以看到，我们关系的长期价值将远远超过任何短期的商业利益。拿佣金率来说，马克一直被称为 30% 之人。如果你有一个烟灰缸，那么他会说："我可以在市场上以 1 英镑的价格出售，我会收取 30% 的佣金。这对你仍然是个好买卖，因为你还有 70%。"虽然全英草地网球俱乐部在商品推销和官方供应商费用方面遵循一个统一费率，但在电视转播方面的佣金结构变得更加灵活（因为版权费超出了所有人的预期）。马克并没有坚持按统一费率收取佣金，而对我们的董事长说："我很高兴你决定了你认为公平的事情。"

这使得国际管理集团收到的电视转播佣金只比前一份协议规定的金额有些许增加。对于我们董事长所认知的公平的决议，马克表示接受而没有任何计较或不满，尽管事实上总金额本应低于合约中规定其有权享有的额度。因为他知道通过信任我们，我们将继续信任他，并在未来与他继续合作。

在与劳力士进行谈判时，马克采用了类似的谈判策略。当时，国际管理集团只负责电视转播权，而来自劳力士等供应商协议的佣金将转给另一位代理商巴格纳尔·哈维（Bagenal Harvey）。然而，劳力士是马克的客户，它们参与到温网中完全归功于马克的努力。马克本可以接受全额佣金，但为了摆脱僵局，他接受了与巴格纳尔的分摊。这是另一个短期的“经济损失”，但显然是为了长期的最优利益。

信任对我们来说非常重要，我们显然不希望与任何有着不诚实声誉的人合作，在打包销售方面也是如此。我们并不介意我们的媒体和赞助权由一家代理商共同打包销售，但我们不希望我们代理商把温网和他拥有或代理的其他活动打包在一起。这样做可能符合马克的经济利益，但我们从未对此情况表示过担忧。毫无疑问，正是马克注入整个国际管理集团的正直和信任使得它在40多年后仍然为全英草地网球俱乐部效力。

——克里斯·戈林奇

商务关系很复杂

25年来，HBO和全国广播公司共享了美国电视台对温网的报道权。在此期间，我与全英草地网球俱乐部的管理人员建立了牢固的关系，我对他们的感情很真诚。有一条明确的分界线是任何与生意相关的事我都会与马克打招呼，但HBO和全英草地网球俱乐部每年都会在赛事之前共进晚餐，这纯属社交事务。在这段关系持续20年后，电视合同又要续签了。HBO和全国广播公司曾经与鲁珀特·默多克（Rupert Murdoch）的福克斯公司（Fox）进行了一次非常激烈的竞争。福克斯公司对温网志在必得，并提出了我们无法企及的报价。然而，在与马克和全英草地网球俱乐部进一步谈判之后，他们决定把温网留在HBO和全国广播公司，不去赚福克斯那份额外的钱。这是一个令人难以置信的姿态，体现了彼此关系的深度和力量。

五年后的2000年，又到了续签合同的时候。那时，HBO有了一位新董事长。令我极度沮丧的是，他对网球毫无兴趣，甚至无意为温网的合同进行谈判。我竭尽全力想让他改变主意，但他立场很坚定。由于我与全英草地网球俱乐部的长期关系，我决定由我自己而不通过马克来告诉俱乐部我们的决定。我给马克的办公室打了电话，并且搞清楚了他在某一天的行程，因为我希望在告知俱乐部我们的决定后的第一时间能够与他取得联系。然后我打电话给俱乐部安排一次会议，第二天亲自飞过去传达这一消息。会议一结束，我就去酒店的房间给马克打了电话。当我告诉他我做了什么时，他异常愤怒，质问我为什么没有通过他作为俱乐部代理人采取行动。我解释说，我本人已经与首席执行官克里斯·戈林奇及俱乐部建立了关系，我不想过滤掉这件事的内情。我希望他们从我这里听到这不是我的决定，我没有选择，并且我认为这是错的。但马克不想知道，他挂断了电话，我们再也没有说过话。

对马克来说，这是一次双重的背叛。在他看来，他相信 HBO 会记得俱乐部在五年前表现出的忠实。但我认为更重要的是，当 HBO 通过我与俱乐部建立关系时，他相信我不会利用这一层关系。他觉得我背叛了这种信任，而我是他认为极度忠诚的一位客户。事实上，我从来没有试图过滤掉他与俱乐部的关系。我知道所有的生意都要经过马克，我认为他代表俱乐部做出了出色的工作。但正如在生活中一样，25 年以上的商务关系带来了其自身的复杂性。

——塞思·亚伯拉罕

专业服务的价值

当我在 1968 年赢得美国网球公开赛时，我受到很多媒体的关注。一群专门从事网球报道的新闻记者围着你转，以至网球得到了很充分的报道。但是，从营销的角度来看，尤其是在英国，大部分球员会被认为是低级而廉价的。有一种很明确的感受是，你出卖了你自己，降低了你的道德标准，所以人们对遵循这条路线提出了挑战以及表达对更美好的东西的向往。马克看到了这一点，并开始以更高级的方式使用球员。事情在 20 世纪 70 年代初开始发生改变，你会在一个睿智的商业广告中看到一位运动员代言一辆汽车，而不是在伦敦地铁里看到的那些粗俗的东西。与国际管理集团合作会有一定程度的兴奋感，所以我没有考虑与其他机构签约。与国际管理集团在一起是一件值得骄傲的事。

当我在 1977 年赢得温网冠军时，局势已经大有改观。我做了很多非常谨慎且高雅的事情。国际管理集团有很高的声誉，合作成本更高，但你知道你所交付的东西是优质的，你赚的钱体现了你的价值。

国际管理集团提供了无所不包的服务，很棒。它提供的不仅仅是一份商业合同。它打理你的税收、银行业务，帮助你处理国际事务，无论怎样的需求。它也会帮忙投资，其中一些对我来说运作得很好。马克、比约恩·博格和我曾经投资了马里波恩大街（Marylebone High Street）上的一栋大楼，这栋楼被设计为公寓并在一楼有一个商场。这对我来说是非常明智的，因为投资房地产是一个不错的选择，并且我们在高端市场卖得相当好。如果我必须对所有事亲力亲为，那么我就不会做这些事。而马克和国际管理集团愿意用自己的钱来支持自己的业务，这也让我更加放心。

我永远都会被告知他们将要做的事。你必须相信你的财务人员，因为他们是专家。但他们总是会跟我商量，并征求我的意见。我有足够的兴趣和每个人交谈，我认为他们尊重我是因为我跟得上事情的进展，但商量和干涉之间存在很大差异。当一位运动员说“我要做这笔投资”，而且违背提供给他的建议并坚持这么做时，问题就会出现。我被告知我们做得相当好，因为我自始至终从未干涉过。我得到的服务如此专业，我为什么要干涉呢？

——弗吉尼亚·韦德（Virginia Wade）

当一个电话就够了的时候

当我们在1994年购买新英格兰爱国者队时，我们的首要任务是建一个新球场。1999年，我们在老沙利文球场（Sullivan Stadium）附近的土地上破土动工，并私下资助了吉列球场（Gillette Stadium）。在新建球场的消息被公布时，我们与当地一家科技公司达成了一笔关于冠名权的协议。然而，在球场竣工之前，该公司遇到了财务困难，我们正在考虑将冠名权出售给新的合作伙伴，并希望第三方在销售方面提供帮助。因为这个项目涉及巨额资金，所以有很多公司找到我们并希望为我们提供大量担保。但是，我没有和他们任何人谈过。我只是拿起电话打给马克，并在30秒内就达成了合作意向。

尽管马克和我是亲密的朋友，但我们之前从未一起做过生意，所以这个电话并不是基于我先前对他出色的工作能力的认可。相反，这是对他在20多年里与我建立了信任和理解的关系和根基的证明。

马克以商业是关于人际关系的精神为生存准则，对此我完全表示赞同。他的生活就是与人接触、建立纽带以及分享经验，于是他可以靠打个电话就完成某件事情，这仅仅是因为他在与某人的关系中所做的投资，何况事实上是我给他打的电话。

20世纪70年代，在我第一次遇见马克时，他代理了所有重要的网球选手，而我拥有一支在世界网球团体赛［World Team Tennis，由比利·琼·金（Billie Jean King）创办的美国职业联盟］中打球的球队。

随着时间的推移，我们建立了坚固而深厚的关系，我们的家人会一起打网球和看足球赛，并在温布尔登碰面（在那里马克像太阳一样，一切都围着他转）。我盼望着多与他见面，并与他的朋友们一起共度时光。马克投入精力与他愿意花时间相处的人建立关系，或许能够让他有所收获，或许不能。他乐于帮助朋友、联系他人，并创造对每个人都有益的机会，这是他的魅力的一部分。他是在建立人际关系方面最伟大的人，而我喜欢凭直觉思考（这也是我做生意的重要方式）。

马克创建了国际管理集团，到目前为止，这是一个全球性的人才宝库，它的根基仍然源于马克个人建立的强大的人际关系。现在，它被托付给我非常好的朋友阿里·伊曼纽尔（Ari Emanuel）和帕特里克·怀特塞尔（Patrick Whitesell）。虽然再没有人会成为马克，但我在他们身上看到很多马克的影子。我认为，以人际关系为基础的企业遗产如今掌握在以相同方式对待生意的人手中，这是恰当而富有诗意的。

——罗伯特·克拉夫特

第二章

激励与参与

为了产生效果，你必须在公司内部和外部都发展持久关系。

所有在第一章中展示的成为睿智之人的原则，至少需要你在塑造公司内部关系方面取得同等程度的成功的前提下才适用。马克·麦考梅克十分珍视对人才的培养，同时也在帮助人才在与其同辈人相处融洽的同时找到胜于同辈人的最佳途径。本章将展示一系列针对管理者与被管理者的激励及参与的策略和技巧。

国际管理集团的简·费尔盖特（Jan Felgate）向我们展示了马克·麦考梅克如何把对外部关系所付出的关注同样复制在其内部关系上，以及马克在伦敦时把头探进她的办公室或帮助她处理客户关系是如何使她备受鼓舞的。“他的出现鼓舞了士气。”琼·库克（Jean Cooke）关于马克·麦考梅克每年对温布尔登商店和后台工作人员的探望也这样回忆道。

作为一名管理者，你可以做的最重要的事情之一就是向人们灌输信心。**成为一个推动者，提高人们的自尊心，并在尽可能多的人才库中发现人才**，这样你就会获得回报。琳达·库珀指出，能够推动你的员工发展并一路帮助他们是一项很棒的管理技巧。这种技巧使得琳达在国际管理集团直接受益，这也是充分利用所有人才的最佳方式。

马克·麦考梅克的一句著名的话是“雇用比你聪明的人”。我们要寻找睿智、机敏的人，关注个人潜力而不受制于僵化的结构。加文·福布斯（Gavin Forbes）和米歇尔·马斯奎里尔证明，招聘可以像科学一样成为一门艺术。珍妮·罗斯（Jeni Rose）告诉我们，你有时需要在你没有涉足的专业知识领域进行招聘。杰里米·帕尔默–汤姆金森（Jeremy Palmer-Tomkinson）提醒我们协作文化的力量。奖励成果，**但不要让官方头衔和管理体制妨碍灵活性和跨职能的工作**。尽可能地开诚布公，因为信任是建立在透明的基础上的。为他人定下一个积极的基调，不要畏惧马克·麦考梅克列举的三句最难说出的短语：“我不知道；我需要帮助；我错了。”正如伊恩·托德所说的，这三句话显示出力量和信心，而不是软弱。

给予人们能够从中汲取经验的成长与犯错的空间是工作中提高个人满意度的基础。管理自我，同时在关键时刻支持他人。**尽可能有效地授权**——彼得·麦凯尔维（Peter McKelvey）将此描述为帮助员工轻松地走出冰面的薄弱部分的重要保障。阿拉斯泰尔·约翰斯顿的故事发人深省，即他是如何逐渐接替马克·麦考梅克，并作为阿诺德·帕尔默在国际管理集团的主要联系人的。这些都体现了马克对生意也是对约翰斯顿个人至关重要的授权。

榜样和导师也很重要。马克·麦考梅克将公司内部的培训描述为“一周接一周，逐月指导”。迈克尔·赖特（Michael Wright）给我们上了一堂关于如何部署内部榜样的大师课，而鲍勃·卡因（Bob Kain）永远不会忘记与比利·琼·金在其鼎盛时期一起训练的经历。对马克而言，向最优秀的人学习有助于他理解成为最优秀的人的真正意义。

对企业内部关系是否有效的最终检验当然是员工的保有量、相互尊重和忠诚度。托尼·高德希克（Tony Godsick）从未忘记国际管理集团中的“家庭氛围”，并且期待在他自己的公司中复制这种氛围。请继续阅读以了解马克·麦考梅克的激励和参与手段，这同样对你有利。

对员工产生兴趣

当我刚刚加入国际管理集团时，我在伦敦的办公室就在马克办公室的走廊尽头。无论他什么时候走过（大概一个月会有一次），他总是会把头靠在门边上，聊聊一些最近的网球成绩或赛事。你需要关注比赛，因为他可能会问到在世界上不同时区、任何地方正在进行的比赛。当公司的董事长有如此多重要的事情需要同时处理的时候，无论你的资历如何，他都能花时间和你直接交谈，这让我震撼并感受到自己作为一名员工的价值。

他在美国网球公开赛期间积极参与客户活动，并经常参加我们在法国网球公开赛期间和温网期间举办的国际管理集团网球部门会议。大约30人会出席会议，会议可能持续5个小时。马克会待上很长时间。再一次让我惊讶的是，像他这样有地位的人会过来倾听我们讨论的问题（无论大小）并且积极参与。他会注意倾听，如果他有什么有关的话要说，那么他会说出来。他不会解决问题，但会在他力所能及的地方提供帮助。

如果我们在招揽客户方面需要协助，那么他就是一笔资产。如果我们正在努力招纳一名年轻球员，那么他会亲自打去电话，或者与球员的父母见面，或者当年轻球员在国际管理集团学院（IMG Academy）训练时随时提供帮助。如果你需要他帮助拿下一个品牌的代理权，那么他会打开大门。他对网球充满热情，并真诚地关心事情的进展，乃至最小的细节。有一次，在会议后，我被要求发送一份国际管理集团学院里我们最有前途的客户名单。当我排除掉一名很有希望但印象有些模糊的俄罗斯选手时，马克立即向我发来一份内部备忘录，问我怎么可能忘记了她。他在会议上的出席证明了他的承诺，并使我们感受到了我们所拥有的来自他的支持。他的出现就是对士气的鼓舞。

他在正式和非正式场合表现出来的兴趣，对我来说意义重大。作为一名管理者，我尽力定期与我的团队交流，因为我知道个人接触的重要性。我努力让我的员工与我轻松地交谈，并向我寻求帮助。我也会尝试发起交流，跟他们说：过来我们聊聊天，告诉我最近怎样，跟我说说发生了什么事。参与在所有层面上都很重要。

——简·费尔盖特

灌输信心

我与马克的国际管理集团已经合作了30年。这种长期的合作关系在很大程度上取决于我对它们的信心，并且它们在与我的第一次会面时就把这种信心灌输给我了。

在我20多岁的时候，在我攻读商业学位的最后一年，我有幸与马克最亲密的工作伙伴伊恩·托德和彼得·杰曼（Peter German）一起在特恩贝里（Turnberry）打一轮高尔夫。虽然我知道自己的球技还可以，但由于我保守的苏格兰背景，职业高尔夫绝对不在我的考虑之中。我非常热衷于为国际管理集团工作，所以我把这次打高尔夫视作一次工作面试。接下来，我在后九洞打出 29 杆，低于标准杆 7 杆。在最后一洞的时候，伊恩和彼得转过身来对我说："听着，科林，你不用来为我们工作，我们会为你工作！"

我迫不及待地告诉了我的父亲。他的回复是，如果麦考梅克的人认为你可以做到，那你就去做吧。这就是我所需要用来开始行动的激励和信心鼓舞。

每次见到马克，他都给予我信心。在我的职业生涯早期，有一次，我和他以及另外两个人（伊恩和彼得）坐下来共进晚餐。我对谈话内容感到十分惊讶，他对我个人、我的家庭以及我在场上与场下的想法都很感兴趣。我被他对我一切事务都很感兴趣的态度打动了，他完全没有表现出"这对我有什么好处"的厌烦。并且，鉴于马克的名望和地位，他表现出兴趣这件事让我从那次晚饭结束后获得了强烈的自尊、自信以及归属感——我是这个圈子的一部分，我是事情发展过程的一部分。每次见到他，这种感受愈加强烈。

马克的真诚注入在员工们的心中，也激发了员工们的信心。即使没有特别好的消息，我也一直消息灵通，没有被蒙在鼓里。对于一些失败或者不顺利的交易，我们没有必要去追究任何一个人的过错，但是能有所了解总是好的。透明度比隐瞒能增强更多信心，这是非常重要的，也是任何企业内的重要资产。信任伴随着信心而来，而伴随着信任而来的是稳固长久的关系的根基。

——科林·蒙哥马利

真诚是最佳政策

对客户真诚而不虚张声势，这会为你赢得更多的尊重。如果马克与客户会面，并被问及六个问题，而他只有其中四个问题的答案，那么他会直接说不知道另外两个问题的答案。他会在找到答案后很快向客户反馈。这些答案可能是客户认为他应该知道的事情，但这并不能阻止他去寻找答案。当他下次与这个人谈话时，他会非常明确地说："上次见面时我无法回答这两个问题，那么现在我有了答案。"

他并不觉得说不知道是对他自己的贬低。他恰恰将其视作一项优势，因为客户知道自己可以信赖他所说的话，而不是一些搪塞的回答，这给了客户更多的信心。这非常简单，但令人惊讶的是很少有人采用这种方法。

——伊恩·托德

小智慧

不要害怕寻求帮助。我的父亲是一位出色的商人，但如果他不知道什么，那么他会第一个举手说他不知道。寻求他人帮助可以起到恭维作用并能扩大合作圈子，以实现极大的互利互惠。同样，当你知道答案时并寻求帮助，对于由谁来掌握大局是非常有益的。

——莱斯利·麦考梅克·加蒂（Leslie McCormack Gathy）

让你的人得到发展

资历很深的人能够长期留在国际管理集团的一个主要原因是他们

被给予了发展空间。马克是一个乐观主义者，他事必躬亲。他想要建立自己的传统，让国际管理集团成为一个全球性的大企业。他总是乐于接受建议，因此你绝不会碰壁或触到天花板。你不需要离开或去其他地方发展，因为国际管理集团随时会为你开辟新的天地，并且你明白你可以在不受到时刻监管的情况下继续前行。我确实从竞争对手那里得到了邀请，但我从未真正采取过措施。我想做很多事情，而不仅仅是管理几个人。我们一开始只做经纪人业务，而一旦我们离开，这部分业务只占我们总业务的 30%。

由于具备支持员工发展的能力，无论是代表公司还是作为个人，我都可以紧紧抓住一些本可以离开的非常有才能的人。我有一位干得很好的网球经纪人，我把他转去做公司的广播业务。然而，他绝对是一位很有性格的人，他发现自己的领导与他的个性相冲。由于各种情况，我觉得他应该尝试运营国际管理集团的模特业务。当时，这项业务困难重重，尽管他对模特业务一无所知，但他同意了这一调动。最终，他在这一职位上成了超级明星——他将我们的模特部门从一无所有转变为世界一流的机构，这让人感觉很棒。如果我们无法找到其他途径，那么我们会失去一个非常有才能的人。采取开放和创造性的方式为员工提供机会并支持他们发展，这也将引领组织的发展。

——鲍勃·卡因

每个人都重要

在以客户为中心的商务活动中，准确地获取细枝末节与关注更受瞩目的项目一样重要。马克对我们在温布尔登商店销售的商品与一些关于电视转播权的大生意一样感兴趣。这对与他的合作伙伴建立人际关系来说特别重要。

国际管理集团与全英草地网球俱乐部一年会召开两次会议。每个人都参加会议——从那些谈判涉及大笔款项的电视版权经理，到汇报10万英镑的许可协议与T恤衫销售情况的我。每一个细节都被视为我们所提供服务的重要组成部分。

获取细节的部分诀窍是了解涉及哪些细节以及对哪些部分做到适可而止。马克从不干涉日常运作。他会饶有兴趣地说“为什么不试试这种产品？”，但是也就到此为止了。在为期两周的温网期间，他都会走进商店询问什么是新到的商品，他应该在哪些区域花点时间挑选圣诞礼物。在很多董事长或首席执行官认为这只是一项委派给别人的任务的地方，马克通过这些细小的个人活动对此予以高度重视。当然，这也让他有机会评估这家商店的运行情况以便他能够掌握权威的信息与客户交流——另一个可以证明他的个人兴趣及其重要性的方面。

这一切都归结于马克对人的理解，无论他们的立场如何。在联赛期间，他总是不厌其烦地看望后台工作人员——他们长时间地工作，而没有任何人将其工作与大型体育赛事的魅力联系在一起。这让他们一整天都很开心。

尽管众所周知，马克会记录他与你的谈话，但当你的董事长记得你之前说过的话时，这仍然能非常打动你。我的儿子曾经生病住院，因此我不得不在温网快结束的时候匆忙离开。马克第二天打电话问候我儿子的状况，这很让人感动。在与人打交道时正确获取细节信息并确保每个人的重要性，这将产生重要影响。

——琼·库克

成为一名人才观察员

当我最初加入国际管理集团时，它在温布尔登已经举办了很多次帐篷招待会。在我加入国际管理集团后不久，负责招待会工作的女士便前往澳大利亚了。马克说：“哦，请琳达去做。她会做得很出色。”我快疯了，想着我究竟该怎么处理这件事。这是马克第一次却不是最后一次令我陷入我认为真的无法应对的局面。我认为我做不到，但对马克来说，他的字典里没有“不”或“不能”，你只需要执行命令即可。一切都很顺利，正如马克预料的那样，并且这开启了我承办各种类型招待会的职业生涯。

我现在做的和我在国际管理集团做的工作非常类似，但这是一个更加小众的行业——高端婚礼策划，并且我将我的招待会经验带到了这个行业中。当我看到市场上没有人拥有我这样的国际经验时，我便开始了这项工作。人们想要在巴黎、纽约或罗马举办婚礼，这要求从业者自身拥有丰厚的城市资源，而我在国际管理集团花费了 20 年的时间投身到这些城市，并被告知要继续深度挖掘，并在此基础上建立起自己的资源王国。我被灌输的信心使我继续下去并创立了自己的企业。

马克能够在员工的身上看到他们的潜力。我不知道有多少在高级管理职位上的人真的会观察他们的员工，并且看到员工目前正在做的事情之外的东西以及他们有能力做的事情。你可能会拥有一些非常优秀但在商业环境下非常腼腆的人，他们不会推动自己前进，这就要求高级管理层去接受这些人并培养和鼓励他们。我没有接受过大学教育，但与马克在体育界发现人才的方式一样，我能够在员工中发现人才并进行培养。在发现和培养人才方面，我能从马克身上学习到很多。能够推动员工，并能够帮助他们是一种很棒的管理技能，并且这也是充分利用所有才能的万全之策。

——琳达·库珀

内部晋升

我在国际管理集团时期的口头禅是：如果你在正确的地点、正确的时间面带正确的表情，那么你就可以胜任任何工作。高级管理人员的第一要务就是审视那些在场的人并找到合适的人选为他所用。当然，这是我的经验，也是我身体力行的。我曾经担任秘书，同时承担了公司保险的职责。从那之后，我被要求去做人力资源工作。马克说："你已经掌握了以人们能够接受并仍然很配合的方式告诉他们并不想知道的事情的诀窍，这同样适用于人力资源工作。你应该进入这一领域，看看你能做些什么。"

人力资源领域根本没有正规的组织架构。到那时为止，英国的人力资源市场一直处于低迷状态。马克决定把秘书岗位划拨到人力资源部，尽管当时伦敦大约有 300 名秘书。我承担了人力资源管理者的角色，并且自己应付所有难题，因为我对人力资源一无所知。但我认识这些人，而且我被信任。如果一项新工作正在开创一个新的局面，那完全取决于你自己的协调能力。当机会来临时，你能否利用你的聪明才智以及驾驭自己的能力抓住它并把握它？如果你了解业务、陷阱，了解如何将其组合好以及与谁交谈，那么你在工作中便能游刃有余。

如果你一开始就进行了良好的人员招募，那么就让晋升从内部开始吧。我们不希望招聘任何"职业型"人才，而希望招募那些可以插进队伍、了解组织并有能力往不同方向发展的人。国际管理集团的很多人是从律师开始起步的，这使他们处于业务学习的前沿，能够看到合同和交易如何被缝合在一起，公司如何组合并交付这些服务。在那之后的在职培训中，他们恰好是成为客户经理或活动经理的合适人选，因为他们理解基本原理。

“正确的时间、正确的地方、正确的表情”的理念不会过时。我们以电视制作和数字媒体制作领域为例。很明显，当公司对某些技能型人才产生需求时，你总是会有机会的，但这便要求你具有从内部生长出的驱动力。雇用聪明、机敏的人作为带头者或初级生产助理，然后让他们恣意成长。

——卡罗琳·沃德（Caroline Ward）

用善意回报忠诚

来自雇主的慷慨行为总是会触发相应的忠诚。20 世纪 60 年代，日本高尔夫球员同时也是国际管理集团的客户青木功（Isao Aoki）一直在格伦伊格尔斯打联赛。作为联赛的奖励，任何一杆入洞的球员都可以在新开发的楼盘中获得一套公寓。青木赢了，但他完全对这套公寓不感兴趣，于是马克从他那里买了下来。然后，马克将这套公寓作为度假屋提供给任何在国际管理集团工作了一年以上的员工。你可以按照先到先得的原则预订房间（人数不得超过六人，时间不得超过一周），你还能享受免费进入高尔夫球场的乡村俱乐部会员资格，这是令人难以置信的。对于马克在密歇根湖附近的家族房产，政策亦然。

尽管直到 1994 年我们才开始获得保险或正式的疾病、丧亲政策，但在遭遇事故、疾病或面临普遍不景气的日子时，我们都受到了很好的关照。在获得这些福利前，所有的费用皆由马克自掏腰包。公司总是超出行业标准，对那些不管因任何问题而处于困境的人来说，马克的慷慨行为数不胜数。对于处于困境中的员工伸出援助之手，这种文化自始至终都存在于公司中。同时，那些善意的行为无疑对工作人员的长期任职起到了促进作用。

——卡罗琳·沃德

家人很重要

马克通过国际管理集团一位与妮可·基德曼（Nicole Kidman）妹妹结婚的执行官结识了汤姆·克鲁斯（Tom Cruise）。马克邀请汤姆·克鲁斯去温布尔登，以便能更好地了解他。马克不知道从何处打听到，我的妻子（前网球运动员玛丽·乔·费尔南德斯）是汤姆·克鲁斯的一个忠实粉丝。马克打电话给我说："汤姆·克鲁斯要来温布尔登，我知道玛丽·乔很喜欢他，你为什么不把她带来国际管理集团招待帐篷里，我们可以和他喝杯茶啊？"在喝茶的时候一切都进展得非常顺利，每个人都相处得非常好。汤姆·克鲁斯很亲切，甚至邀请我们参加《碟中谍》（*Mission Impossible*）的首映式。

那一年的晚些时候，马克打电话给我说，汤姆·克鲁斯在本市，我们可以一起吃个晚饭，但不要告诉玛丽·乔。这对玛丽·乔来说应该是一个惊喜。在晚餐之前，我被发送了详细的指示，包括一个暗号——"mission"（任务），我必须用暗号才能进入餐厅的私人房间。当我和妻子到达餐厅后，我悄悄地向女招待说了"mission"的暗号。女招待引我们去到一个私人房间——我的朋友们都在那里为我庆祝我的30岁生日。

原来是玛丽·乔打电话给马克说，你是唯一能够给他带来惊喜的人，他非常信任你，无论你告诉他什么，他都会深信不疑。

我深深地被打动了，甚至有两点令我震撼。首先，他是多么有创意，竟能设计出这样的一个桥段。其次，他是多么周到，在那么多他正在处理的事务中抽出时间来考虑这种事情。他在乎我，这一事实深深地打动了我。

马克在乎每个为他工作的人，并为国际管理集团创造了一种家庭氛围。从最小的层面来说，他记下员工的妻子和孩子（或他们最喜欢的电影明星）的名字，把它们写在他的便签上，并在合适的时间提醒自己。

从更大的层面来说，通过创造家庭氛围，他能够将非常有才能的、聪明的、有野心的高层人员团结在一起。他与不同的人有不同的人际关系，但他在乎所有人。他创造了一种人人都想赢但以团队利益为重的企业文化——同心协力。他让每个人都感到自己非常重要，并能够做到让每个人都心情愉悦。

我离开国际管理集团之后，建立了 TEAM8（一家网络安全初创企业），我之所以选择这个名字是缘于我和队友之间的双关文字游戏。我的想法是不仅要与我的客户一起成为队友，还要与我的员工成为队友。TEAM8 体现了融入家庭氛围的重要性。我对待公司的员工很像马克所做的那样，我甚至在我的苹果手机里保存下关于员工的个人细节——关于他们的家人或他们正在做的事情，抑或他们最喜欢的饮食。这样，当我们再次见面时，我就能对他们的情况有所了解。我曾对马克说，我正在考虑去商学院学习。他说，我就是一家商学院，你为什么还要去别的商学院呢？所以我没有去，他是对的。我从马克和国际管理集团的高级管理层那里学到了很多东西，家庭氛围的重要性是最大的收获之一。

——汤姆·高德希克

提升自尊心

每当我去国际管理集团的办公室时，我总是对那里的人印象深刻，他们都很棒。在我去了几次之后，我注意到每个男性的办公室门上都有他们的名字，但是女性办公室经理、接待员和后勤人员——你第一次走进这家公司时遇到的所有人，都没有姓名牌。然而，她们是公司之声。每当人们打电话或登门拜访时，他们在遇见那些贴有自己姓名的办公室门后的男人之前，看到或听到的都是这些女性工作人员。我问她们："你们的姓名牌在哪里？"她们一开始都抵触这个问题，说她们不需要姓名牌。我坚持并说："为什么不需要呢？为什么不去申请一个？如果你们想要我去，那么我会帮你们去申请。但是我觉得如果你们想要这个，那你们应该学会对自己想要的东西提出要求。"后来她们都认为她们应该享有与男性同样的权利，无论她们的工作是什么。

当我再次前往时，她们非常自豪地举着她们的姓名牌："比利，看！"这是一件多么微小的事，但我注意到她们的情绪有了很大的不同。这创造了更高的士气，并提升了女性的自信心。现在她们有了身份，并为能在那里工作而感到自豪，她们不仅仅是坐在办公桌前的那些人。她们也学到了重要的一课，对她们想要的以及对她们来说重要的东西提出要求。

——比利·琼·金

如果合眼缘，就录用他

我第一次在巴黎遇到马克是在法国网球公开赛上，我正在环形赛道上打网球，虽然我知道我打得不好，也不会一直从事这项工作。马克邀请我坐进他在罗兰·加洛斯（Roland Garros）球场的前排包厢里，这对我来说是莫大的荣幸。他邀请了其他一些客人，其中包括我的父亲戈登（Gordon）——他在他那个时代曾是一名著名的球员。我们观看的一场比赛是瑞典选手米凯尔·彭福斯（Mikael Pernfors）在四分之一决赛中对阵鲍里斯·贝克尔（Boris Becker）。马克宣称这将是一场非常快的比赛，贝克尔会很容易赢得比赛。我刚刚结束大学网球比赛，我知道彭福斯打得相当好，尤其是在红土赛场上。我表示不同意并说："我认为彭福斯会击败贝克尔。"马克很喜欢打赌，而且赌注总是1美元。果不其然，他跟我打赌1美元赌贝克尔会赢。我接受打赌，然后开心地坐回我的座位上，而彭福斯在长时间的对打中一直压制着贝克尔，并且轻松地赢得了比赛。马克非常惊讶，并在第一时间询问我是做了什么而得知这些的。

在那次相遇后不久，我在伦敦工作的公司破产，这让我陷入了困境。我在一家俱乐部里找了一份教网球的临时工作，在那里，我碰巧遇到了马克的妻子贝齐·内格尔森。当她问我为什么在那儿的时候，我提到了我的境遇。第二天，她又出现在俱乐部，并说马克希望我去见见他的两个高层人员。"他认为你会对成为一名网球经纪人非常感兴趣，因为你似乎很了解网球。"她说道。如果他的高层同事对我说不，我肯定马克不会强行通过，虽然他确实有很大的影响力。无论是哪种情况，30年后我仍然在为国际管理集团工作，所以我猜他对我是否适合这份工作有一个很好的判断。有时候，在招募员工时相信直觉的确可行，而这对于双方来说都是如此。

——加文·福布斯

寻找 X 因素

那时我是一名刚刚毕业于比利时大学的法律专业学生，有着雄心壮志和冒险精神。我知道一生都在比利时从事律师工作对我来说意味着什么，所以我更希望拥有国际化的视野。我向伦敦律师事务所提出了实习申请，尽管我几乎不会说一句英语。我如此渴望学习，并承诺愿意以我能做到的任何方式回馈事务所，如果我的表现不够好，我甚至会帮着清洁窗户或擦洗地板。最终，我被录用了。在不久之后，其中一位合伙人来找我，说他的女儿遭到比利时法警的不公正待遇，问我是否可以帮忙。我答应了他并很快解决了问题，他非常感激。他问他可以做些什么来表达谢意。我说："确实有一件事需要您的帮忙。我刚刚为国际管理集团的一位客户整理了一份档案，并正在读《哈佛商学院不会教你的商业策略》这本书。您能为我写一封推荐信吗？我对这家公司非常痴迷，希望成为其中一员。"

信件如期写好并发送给了国际管理集团，不久之后，我接到了马克的电话。他问："我们为什么要雇用你？"我说："我会免费为你们打工，当我给你带来一些收入的时候，你再付给我薪水。"这必定会引起马克的共鸣，马克因对某些客户说"你觉得我值多少就付给我多少"而闻名。他在一位渴望出人头地的人身上看到了与他志趣相投的精神，这是一位不仅充满热情而且准备好超越期望并摆脱陈规的人。如今，当我面试求职者时，我也会问："我为什么要雇用你？我需要知道你的 X 因素是什么。"除了简历上的内容，你还能提供什么信息？这也许不在管理指南中，但我相信这是构建一个我能够实现并可以信任的企业团队的基本要素。

——米歇尔·马斯奎里尔

雇用你需要的专家

在去国际管理集团模特部之前，我发现在我工作过的模特经纪公司中，公司领导与公司业务休戚相关，他们希望参与物色和管理的各个方面，并且能够掌握我日常工作的细枝末节。在国际管理集团模特部，情况是完全不同的。马克早就意识到，如果你想变得全球化，那么你必须涉足那些不需要使用任何语言文字就能被理解的行业。很少有东西符合这项清单，除了音乐、运动以及他总结出的时尚。但除了遵循同样的策略之外，马克对时尚行业并不熟悉。我的老板查克·贝内特（Chuck Bennet）也是如此，他接替了约翰·麦肯罗（John McEnroe）主管的模特分公司。当马克向他建议他应该去经营国际管理集团模特部的时候，查克表示他对模特行业一无所知。“别担心，”马克的答复是，“你会学会的。”然后，查克就以闪电般的速度接手了这项业务。作为一名经纪人，查克知道他可以录用模特，但是当涉及发现和发展模特时，他知道他没有经验，所以他必须雇用一批有此经验的核心人物。这样他便可以将他自己的销售和管理专业知识层层叠加在他的模特行业专家团队上，从而建立起一个令人敬畏的部门。

在我加入时，我被给予做任何我想做的事情的自由。从来没有人告诉我该如何去做我的工作，这就是成功的因素之一。我们在巴黎签约了属于国际管理集团的第一位模特后的第七周，她就出现在意大利《时尚杂志》（*Vogue*）的封面上。国际管理集团在这之前从未取得过如此成就。如果你可以带来收入并履行了任务，那么你会被赋予更大的自由度。它被注入了巨大的自信和信念，这就是国际管理集团模特部得以成立的根基。没有一家模特经纪公司能够接近我们所取得的成就。这是来自国际管理集团的商业头脑与对行业专家的信任的有力结合。

——珍妮·罗斯

留住好员工

马克没有让出公司的股票，但他给的薪酬很高。很多非常睿智的人选择留在了国际管理集团的原因是，它有利于丰富履历并且待遇丰厚。另外还有一个递延补偿计划——每年申报奖金，但在未来三年内支付完成，这大大增加了离职成本。

除了金钱奖励外，还有其他因素在起作用。马克在牢牢抓住人才方面非常出色。他擅长搞清楚人们的所思所想，知道什么东西能够使人们感到兴奋并保持忠诚——可能是钱，也可能是全球旅行或获得行业奖项。任何他可以做到的且能帮助员工以自己的方式取得进步的事情，他都会做。

马克热衷于延续和延长任期。对公司来说，留住这些有经验以及有专业技术的人显然是有价值的，而马克对此抱有非常高的个人满意度。当我们举行每年两次的高级管理人员会议时，第一项非正式议程就是对房间里那些在公司工作数年的每个老员工进行点名。随着老员工数目的逐年上升，马克的的确确洋溢着喜悦。这不是会议的正式部分，但马克没有停止过这一议程。他知道我们今后都会谈论起这个议程——它会强化我们都仍在这里愉快地工作这一信息，并且显然，这里就是最好的归宿。

——阿拉斯泰尔·约翰斯顿

使用你的内部榜样

在我掌管国际管理集团加拿大分部的第三年，我们似乎在经历了两年的强劲增长之后遇到了困难。在对未来一年的规划会议上，马克问我，为什么我们的表现与澳大利亚分部不在同一个水平上。事实上，他的意思是说，我们表现不佳。

我建议，也许我应该前往澳大利亚与总经理詹姆斯·厄斯金（James Erskine）一起待上一段时间，这样我便可以了解他如何取得成功并将其经验复制回加拿大。马克很喜欢这个主意，但他认为让詹姆斯前往北美先在纽约待上一段时间，然后在多伦多与我和我的团队待上几天会更加合理。他解释道，如果詹姆斯能够亲眼看到我们从事的工作以及我们是如何推进业务的，那么他就会有一个更好的了解，并在之后给出实时建议。

当詹姆斯抵达这里时，他真的太友好了，我可以看到他为什么能够如此成功。他对自己所做的每件事都散发出信心，从他掌控会议的方式，到他穿戴和谈吐的方式。

在仔细阅读预案、审核未来规划以及对比业务发展路线后，詹姆斯宣布："你们需要一位格雷格·诺曼（Greg Norman）。"他解释说，流入澳大利亚分部一半以上的资金都直接或间接地与格雷格的国际权利代理相关。

只有在回想的时候，我才能理解马克在派詹姆斯前往加拿大见我这件事上的智慧（除了马克永远不会错过的成本效益之外）。作为一名值得信赖的副手，詹姆斯有能力向马克汇报我们分部的表现。但也许更重要的是，马克希望我和分部的每个人都能看到一位成功的国际化的国际管理集团总经理在外部环境中应该如何表现和作为。他知道第一印象的价值，以及他的出现对我和我的年轻团队的影响。他当然明白，格雷格·诺曼是澳大利亚公司取得成功的关键，但是他希望我能从可以传递如此多的其他非言语信息的人那里得知。

——迈克尔·赖特

任人唯贤的价值

在马克的统领下，国际管理集团是作为一个任人唯贤的组织来运行的，没有薪酬结构或受到严格管制的头衔。管理人员被告知他们在薪资涨幅上的预算，并由他们自行决定如何分配。在大多数情况下，头衔并不是什么大不了的事情。我曾经有一位从外部聘请来的新老板，他说我们必须厘清头衔，以及适用于每个头衔的大概薪酬范围。这是一个我们从未完成的项目，因为这是在推蛋奶冻上山——根本不需要这么做。没有必要在不同部门之间进行比较，并试图强制执行一个不适合的薪酬结构。在那个项目期间，我与几位集团的外部发言人参加了一次公司例会，其中包括谷歌公司的埃里克·施密特（Eric Schmidt）。我记得他对我们在场的 200 多人说："我不会在我的公司出任任何职位。我不在乎是否有人想把'火箭科学家'印在他们的名片上。我只关心他们做什么。"那是一个非常令人愉快的时刻。

唯一引起一丝争议的是马克发放的那些头衔。20 世纪 90 年代初，他开始称呼人们为副总裁和高级副总裁，后来他加进了执行副总裁这一称谓。这些称谓寓意着极高的价值。他这样做是为了表示有些人在同等的基础上更为杰出，这也是回报忠诚的一种方式。当我还是一名从事公司保险业务的初级员工时，我收到了马克宣布三位女性出任副总裁的公司备忘录。以这种方式看到女性被认可是令人惊喜的。我记得我受到了鼓舞，我也希望将来有一天能成为她们中的一员。人们曾经认为这些头衔被授予了权力，但实际上并非如此（他们仅享有一些旅行特权）。最重要的是，它们来自马克，并且他向其他人宣布你有所作为。在任人唯贤的制度里，这种认可有着巨大的重要性。

——卡罗琳·沃德

小智慧

如果员工有需要讨论的项目清单，那么你最好单独处理每个项目。没有必要先告诉马克好消息以便在你开始谈论不太好的事情之前获得区别对待。你别指望通过区别对待来帮助你顺利渡过难关。一切事情都是按部就班地单独处理的，这就将讨论中的情绪排除了，并有利于公正地倾听——对于马克来说很好，对于消息的传达者来说更是如此。

——伊恩·托德

回应成功与失败

马克在很多方面都表现得自相矛盾，但这些矛盾都是非常睿智和具有前瞻性的。他坚决秉持不把资金浪费在不必要的开支上，但如果他相信自己正在为未来创造宝贵的资产，他会将数千万美元投资于不会立即得到回报的地产项目上。

正如我曾了解到的那样，在任何情况下被他抓到你浪费钱都不是一件好事，而我记得最清楚的是他如何利用表面上看起来很细微的问题来传授更广泛的经验。

当时，我在国际管理集团的老板是巴里·弗兰克（Barry Frank），而我刚刚从他另一场极其成功的奥运会谈判中返回。在谈判中，巴里成功地让全国广播公司签下了 1996 年亚特兰大夏季奥运会的美国电视版权协议，交易价值数百万美元。我记得我们当时满怀期待地坐在巴里的办公室里，因为我们被告知马克会打电话来祝贺我们。巴里告诉我，他希望我延长任期，因为他希望我分享这一荣耀时刻。当时我们非常引以为豪，扬扬自得，兴高采烈。

当电话铃响起的时候，巴里搓着手说：“这应该是个好消息。”他拿起电话，甚至在巴里来不及告诉马克我也在听电话之前，马克相当急躁地问道：“巴里，你知道为什么肖恩待在洛桑皇宫饭店的套房里吗？”当我轻轻地把听筒放下来时，巴里说他会调查一下。不用说，我们非常不爽，但是马克以自己的方式让我们知道，尽管我们取得了巨大的成功，他有必要提醒我们时刻保持正确的判断力。

关键在于，当你有点自视过高、有点过于执迷于你最近的一笔大生意，或者觉得你的新闻剪报有点太多时，那就是你需要回到现实的时候。没有人比马克做得更好。

我们接受这种批评的原因之一是他极度忠实。我们都看到马克抬举并支持一位长期没有带来大生意的执行官，或者一个运气不好或气馁的人。那正是马克永远在那里帮你树立信心的时刻——提醒我们都经历过坎坷，并且他百分之百地在你的身后支持你。马克本能地知道，当你被泼冷水的时候也是你需要帮助的时候。无论你得意或失意，他都是你的好朋友和老板。

而且，在我职业生涯的后期，我会提醒马克（只是为了声明一下），我很了解企业的差旅政策，升级到套房是免费的。

——肖恩·麦克马纳斯（Sean McManus）

协作文化

如果有一件会让马克彻底愤怒的事，那就是各部门之间缺乏沟通而导致整个项目的损失。如果他看到一些未事先沟通的事例，比如来自经营许可登记的行政部门和赞助商公司的工作人员在不知情的情况下，同时与一家公司进行会面，他会大为恼火。

协作使得每个人在一起工作得更融洽，而不是相互竞争。没有任何一家企业是没有抱负的，或者说没有任何一家企业中没有无理邀功之人。但在国际管理集团内部，这种情况要少得多，因为人们彼此了解，并且自上而下所践行的都是协作文化。

无论职务高低，大家都是同事。重要的是，每个人都能感受到他们在各自岗位上发挥的作用，无论他们是会计员还是放置广告牌的工作人员。这种文化是非常重要的，它使人们彼此欣赏、相处融洽，并作为一个团队进行工作。

头衔从来不表示特别的意义。当我的员工问道“我正在做我的名片，我该把什么头衔放在上面呢？‘项目经理’？”，这是头衔会被提到的唯一时刻。我们曾经想过那些听起来不错并且对员工有一点影响力的头衔。公司内部会有一个等级制度，而头衔的意义是对于外部世界而言的，并不表示你在公司内部的地位。

——杰里米·帕尔默-汤姆金森

小智慧

包容性很重要。我从未听马克说过“我”而不是“我们”。他会一如既往地做出包容性的陈述，而不是“我来负责，我已经为你做过了”。让团队中的每个人都感觉良好并且参与其中是非常重要的。我曾经主持过一个慈善会议，在会议期间，我会绕着会议桌问问那些更寡言少语的成员是否有任何他们想要添加的内容。

——巴兹·霍内特

向最优秀的人学习

我是一名球技还算不错的网球运动员，我偶尔会和我代理的比利·琼·金一起训练。总是令我感到震惊的是，她在五次赢得温网冠军之后仍然如此努力地训练。我无法相信她是如何激励自己保持训练的。我的一生都在与体育打交道，但我不是世界冠军。比利·琼改变了我的全部想法，并让我认识到必须努力地工作以及时刻做好成为世界级选手的准备。

在你20多岁时能看到这种事情的概率是多少？如果你在一家公司工作，那么你可能会努力工作，但你不会得到与行业里真正的超级明星共处的机会。在微软公司，一个25岁的人不会经常和比尔·盖茨待在一起。我与比利·琼的接触让我意识到，如果我想要做好任何事情，我务必放手去做。这确实令我大开眼界，也很受鼓舞。如果你能向最优秀的人学习，那么这会帮助你理解成为最优秀的真正意义。

——鲍勃·卡因

追求卓越

作为校长，我对威廉与玛丽学院（The College of William and Mary）负责，我希望学院能够达到业界最高水准——对我自己、对学院都是一种无上的光荣。为此，我需要树立典型和榜样。马克（校友）在这方面给了我启发。他总是能起到垂范作用，如果他感到有什么不足，那么他会努力找寻原因，并努力弥补。

我们的女子网球队就是这方面的一个例子。马克负责建造麦考梅克-内格尔森网球场，这是一座宏伟的建筑。一旦完成，马克会帮助我们补充顶级网球选手，并打造国家级网球力量。

他给我们供应设备，帮助我们招募人员和聘请更好的教练，并在网球界寻找赞助。他还帮助我们提高我们的形象。在我们试图打造球队知名度时，我们需要通过实战来提高自己的成绩，因为马克的团队并不会总对一支没有良好成绩的球队感兴趣。马克会打电话给其他体育教练，让这件事成为可能。多亏了马克与日本网球界的联系，我们甚至将球队带到了日本。

我们没有赢得过全国冠军，但曾多次接近，并且我们在四年内就打出了我们的最高水平。毫无疑问，这种对于卓越的追求感染了我。如果你有像我这样高调的领导工作，而且你能与像马克这样的人一起长期共事，那么你总会感觉到他在观望着你，而这会促使你希望达到只有最优秀的人才会达到的同样标准。马克证明了我们可以在某些募捐资金得到正确使用的大型联赛中打好比赛，这对卓越来说至关重要。正是马克和他的团队通过设定他们自己的标准和作为追求卓越的榜样，使我们也走上了追求卓越的道路。

——蒂姆·沙利文（Tim Sullivan）

成为一名优秀的第二位的价值

了解如何成为一名优秀的第二位以及如何有效地支持第一位非常重要。我认为马克与阿诺德·帕尔默以及与其他客户有着这种人际关系，我为他们能处于马克所支持的中央舞台的聚光灯之下而感到高兴。

我在支持其他人方面花了很多时间，无论是健康伙伴基金会（Partners in Health）的保罗·法默（Paul Farmer），世界卫生组织总干事J.W. 李（J. W. Lee），还是哈佛商学院的迈克尔·波特（Michael Porter）。

成为奉献的第二位的那些年成就了我今天的角色。这对于我能够立于那些伟大的领导者和梦想家的膝下，并且全身心投入到理解和实现他们的愿景上非常有帮助。现在，我处于一个最高领导的位置，我已经尽力将这种经验调转为正确的方向，并且我每天都在问自己："我能做些什么来帮助身边的每一个人都富有成效？我能做些什么来消除他们在成功路上的障碍？"我告诉我的团队，我每天的工作就是去做只有我能做的事。如果我做了你能做的事情，那么我就是在浪费彼此的时间。正如 WD-40（一家生产防锈润滑剂产品的公司）的首席执行官加里·里奇（Garry Ridge）最近告诉我的那样："作为领导者，我们不是在课堂上给员工的论文打分，而是要帮助他们获得一个又一个的 A。"

——金墉

委派培育信心

马克所强调的一个重要问题就是关于委派的能力。当你成为一个组织的领导者时，你必须学会自如地做出委派，并且从见证他人的成功上获得满足感。这对人们来说可能会是一个艰难的决定。你可能会错过亲力亲为的机会，失去在你完成一项销售任务时的兴奋感。有可能当你第一次担任领导角色时，你的工作速度比你所领导的人要快得多，所以你必须抵制住为他们去完成工作的本能倾向。这是一个重要的经验——你要有能够坐定的信心，从监督他人工作中汲取满足感。

这是我对曾经为小客户服务但现在已经开始服务于大客户的同事说的话。如果一个较小的客户为了某些事给他们打电话，那么他们知道自己可以很轻松地解决。但为了更好地利用他们的时间和公司资源，他们可以委派一名资历较浅的同事来处理那些问题。我告诉他们，他们应该习惯于说这句话——“你不会想要我来做这件事，你会希望我们公司的约翰来做，因为他是真正的专家，而我不是。”我还告诉他们要让客户对他们提出的人感觉良好。

这不仅更好地解放了资历较深的同事的时间，而且对年轻员工的发展非常重要。如果你认为别人会把那些问题解决掉，那么你就可以把自己当成一名员工，放慢脚步，放松自己。如果有一位老板总是过来插手，这会很令人沮丧。你必须让员工对走出冰面的最薄弱部分感到放心。他们可能会弄湿自己一两次，但是他们会对此感到宽心，因为他们永远都会抓住一条救命的绳索。适当的委派能够培育组织中所有层级的信心。

——彼得·麦凯尔维

如何委派你最珍贵的资产

随着公司的规模越来越大，创始人将不可避免地把越来越多他过去常常亲自承担的事务委派出去。某些事务比其他事务更需要亲力亲为，重要的是要认识到这一点，并且确保信息的准确传达和交接的顺利进行。

随着国际管理集团的发展，马克知道他最终需要有人协助并在最后承担起与阿诺德·帕尔默的客户关系的维护。我知道这将会是一个绝佳的机会，这将为我的职业生涯打开更多扇窗户。事实证明情况确实如此。然而，我也意识到这一特定客户对马克个人和对公司的重要性。公司是在与阿诺德最初握手的基础上成立的，而马克把这名客户委派给了我——来自苏格兰移民的孩子。这是一次千载难逢的机会，这令人“望而生畏”。

马克会竭尽所能提供帮助，并能对重要的事项做出指导。对于马克为什么不再与他打交道，阿诺德需要得到合理的解释。马克指出，这里有一个更年轻、充满热情、有着无限创意的家伙，同时他可以为这段关系投入更多的时间。这也意味着马克和阿诺德可以再次成为好朋友，因为不会再有任何事情让他们彼此感到尴尬。马克告诉我要确保对阿诺德的朋友也同样尊重，因为这对于阿诺德来说非常重要——阿诺德必须向朋友解释为什么马克不再参与，而是我在负责。

当然，马克仍然参与重大决策。他只是解释说，我的工作是尽量减少阿诺德给他打电话的次数。马克还告诉我，我要做的就是以任何阿诺德想要的方式与他共度时光。无论是在早餐前一起慢跑，去健身房，还是在晚上喝啤酒，我都一心一意地陪在阿诺德左右。在那段时间里，理解如何与阿诺德沟通以及如何不与阿诺德沟通很重要。阿诺德警告我不要谈论高尔夫。他可能想从别人那里听到关于他在某场高尔夫比赛中打得有多好，但这个人不能是我。如果他的衬衫上有一个纽扣脱落了，并且有办法修好，那么这可能是他希望谈论的话题，并且这就是博取其关注的方式之一。

这就是这段关系后来的进展情况。最后，我们继续发展和扩大我们对阿诺德及其不断增长的商务网络的业务，同时也在不断发展着国际管理集团。我和阿诺德成了商业伙伴，也成了好朋友。但这并不是一个可以被加速的过程。总而言之，交接花了五六年的时间。商业关系中的接班工作，就像组织中的领导换届一样，过于重要而不能存有半点疏忽，并且往往需要给予充足的时间。

——阿拉斯泰尔·约翰斯顿

相信经验

信任是你必须在客户和供应商之间寻找的第一样东西。刚开始的时候很难，但随着你的资历越来越深，你就没必要与你不喜欢的和不信任的人做生意。这对马克来说从来都不是问题。他为全英草地网球俱乐部做出了巨大的贡献。我们都还不成熟，没有太多的经验，我们依赖着他。人们认为我们应该更多地去经营国际管理集团，但是我更相信马克的委派能力——让知道自己在做什么的人大胆前行，而不是一味地监视着他们。马克和国际管理集团处于体育事业发展的最前沿，我们通过相信他们受益匪浅。

也有人担心马克可能只推进他自己公司的议程，而我并不担心这个。我认为在生活中，如果你帮助别人，那么别人也会帮助你。我有信心，如果马克从温网中有所斩获，那么他会在心中做出权衡，并且让我们在某个时候受益。我宁愿别人欠我，也不愿意欠别人。因为我们之间存在着彼此的信任，所以我很高兴与国际管理集团继续合作。

——约翰·柯里（John Curry）

管理自我

在团队环境中，无论是体育环境还是商业环境，我们都不容存在自我。通过一些适时的干预，马克很擅长控制自我。

对预测的准确性是他擅长控制自我的一个方面。对于我从事的企业管理工作来说，预算和预测非常重要。毋庸置疑，这对于那些预测一项活动会赚 100 万英镑而实际上却亏损了 50 万英镑的人来说，会有严重的麻烦。然而，马克对那些说要赚 10 万英镑而实际赚了 50 万英镑的人也同样恼火。一把巨大的木槌将在十亿分之一秒内落到他们头上。他的回应是："不要因为你的巨大成功而向我吹嘘，你本应该在所有的预测中做到这些。"对缺乏准确性的指责足以粉碎对任何活动成功的夸耀。

马克还能够通过他的 3 × 5 索引卡片来追求对自我的管理。他会与给出建议的人、提出问题的人以及陈述意见的人展开讨论。他会把讨论的内容写下来，作为他今天记录的一部分。他会在六个月后仍然记得谈话的所有细节。这意味着你要遵循事实，这阻止了人们吹嘘可能发生的或已经发生的事情，这意味着你更应该关注细节。在我与他曾经有过的一次谈话后，马克回到美国时说："我从杰里米那里听说他去年做了 25 场活动。这听起来不太对，你能查一下吗？"克利夫兰办事处的一些人写信给我，询问我究竟操办了多少场活动。我把活动的清单写了出来并寄给他们，之后再没有听到过相关消息。马克当时显然在想"我是不是在胡说八道"并要把事情搞清楚。

——杰里米·帕尔默-汤姆金森

亲眼去看

在北卡罗来纳州加斯托尼亚的一家小型网球俱乐部里，我见到了一位身材有些过高（就她的年纪来说）的 16 岁年轻人。她很开心，在网球场边击打着球，并说着一口南方话。她就是科里·安·埃文斯（Cory Ann Avants）。我在当地的报纸上读到关于科里·安的消息，于是安排了这趟旅行去见她并拜访她的父母。她有胆量，比我见过的任何 16 岁的人都更努力训练。当我回去之后在克利夫兰与网球部门的主管谈论她时，我相当兴奋。网球部门的建议是让她来国际管理集团学院和尼克·波力泰利尼（Nick Bollettieri）碰个头，然后我们就会知道她的实力到底如何。会面之后，尼克的评价是，科里·安有着优异的脚步动作、足够的速度、稳固的落地回击、合理的发球和一颗坚强的心。

关于签约科里·安，我从未与马克谈过。网球部门指派了一名年轻的经纪人马克斯·艾森巴德（Max Eisenbud）来负责她的工作。当时，这名经纪人正在与另一位国际管理集团学院的人才玛丽亚·莎拉波娃（Maria Sharapova）一起参加联赛。

在签约后不久，科里·安进入美国网球公开赛。就是在那时，我发现了隐藏在众目睽睽之下的马克。在前几轮中，科里·安在 14 号球场打球——距离阿瑟·阿什球场（Arthur Ashe Stadium Court）很远。在她做发球准备时，我可以勉强看见马克独自坐在场边，在索引卡上潦草地记着笔记。

这给我留下了深刻的印象。他是网球界最有权力的人，独自坐在场边，观看着一轮资格赛。他想亲眼看看科里·安是下一个克里斯·埃弗特（Chris Evert）或仅仅是另一个有天赋的孩子。

那天，马克教会了我实践智慧。他相信网球部门决定花时间来对谁进行检验，他相信尼克对潜力的评估，他相信马克斯谨慎地将豁免权用于正赛中。而且他足够相信我可以分配好在一个不知名的人身上所花费的时间，以及和她一起飞到纽约参加美国网球公开赛所投入的成本。

然后他出现了——隐藏在众目睽睽之下，亲自考察。他绝不会回避商定后的决策路线，或者试图动摇该路线，但他的确希望参与其中。马克的低调是对如何实现这两个目标的典型示范。

——迈克尔·赖特

第三章

实践智慧

这就是真正的实践智慧——一种可被应用的人的感知。

如果《哈佛商学院不会教你的商业策略》有教会我们什么东西，那就是对实践智慧的应用是商务中的重点。对于马克·麦考梅克来说，这是给他自己提供的所谓“心理优势”，或者是帮助他充分利用他人的优势。本章将提供实践智慧的一些具体案例，重点介绍可以用来建立优势的想法和工具。

马克·麦考梅克围绕商务活动的很多人生哲学都可以被归纳为他所谓的 CADIF 方法：承诺（Commitment）、注重细节（Attention to Detail）和立即跟进（Immediate Follow-up）。对有效和适当沟通的坚决关注（包括内部的和外部的）是马克·麦考梅克的优势生成器之一，这是一种直接并在潜意识中创造最佳印象的方式。**良好的沟通是商务的生命之源**。在你所有的沟通中，从正式场合的报告到日常发送的电子邮件，专业都非常重要，它确实能起到重大影响。

马克·麦考梅克对**跟进和追踪到底的要求**（“如果你说到，那么就要做到，并且必须贯彻到底。”）同样坚决。安迪·皮尔斯（Andy Pierce）永远不会忘记马克·麦考梅克对于他在某个场合忽视了这一点的反应。皮尔斯吸取的教训是，如果你不能跟进和追踪到底，那么整个组织的声誉将会受到不利影响。同样，信守承诺非常重要，因为当你信守承诺时，你在与你结识的人保持联系时可能会冒出很多想法（从发送你们一起共度时光的照片到招待对方的礼节）。

当然，这种对细节的关注并不会自己发生，你需要有适当的工具来实现它。马克·麦考梅克在伦敦的第一任秘书兼国际管理集团长期职员萨拉·伍尔德里奇（Sarah Wooldridge）向我们展示了马克的“整理系统”。这一系统是基于那些著名的 3 × 5 索引卡片、黄色标准拍纸簿和他的“与谁交谈”（Talk to）文件——现代客户关系管理（CRM）系统的前身。“整理系统”给我们所有人的信息都很简单：充分利用你的人际智能，找到并使用正确的客户关系管理工具。这将不仅帮助你找到正确的联系，还有利于你充分利用它们。莉萨·马斯特亚力克斯（Lisa Masteralexis）依靠马萨诸塞大学校友网络的能力就是一个很好的例子。

“不要成为时间的小偷”是马克·麦考梅克的另一条格言，多年来一直与他的读者产生共鸣——**遵守时间，整理信息以便随时接手，学习如何掌控时间并给出明确的简要说明**。这再次是关于细节的，并且毫无疑问，效率会给人留下深刻的印象。最重要的是，不要浪费别人的时间。瓦尔·阿克曼反思了让别人等待是多么不尊重人和效率低下，并且提供了做到和保持这一点的技巧：“设置时间参数是良好的商务礼仪，并且可以使交易双方更有效率和更富成效。”

尊重本身就是另一种人际智能的特征。**尊重他人，尤其是那些比你资历更浅的人，你不会有所缺失，反而能有所收获**。鲍勃·卡因说出了一个来自马克·麦考梅克自己的故事，关于永恒谦和的阿诺德·帕尔默因为年轻的马克对一名更衣室服务生不必要的粗暴而狠狠地责备了他。全英草地网球俱乐部前主席约翰·柯里也提醒我们尊重文化差异的重要性，无论在国内还是在国外。并不是所有人都能站在你的角度考虑问题，**所以尊重差异并从他人的角度看问题是另一个优势生成器**。

人际智能也可以应用于自我关照方面，以保证你自己保持战斗力和做好准备。网球传奇比利·琼·金向我们展示了顶级体育明星的日常惯例是如何在我们所有人的生活中占有一席之地的，而马克·麦考梅克的女儿莱斯利·麦考梅克·加蒂表示，她的父亲在正念（mindfulness）（**找到你自己应对商务压力的对策，关心幸福以及工作与生活的平衡**）流行很久之前就已经在练习了。在决定胜负的关键时刻，你需要运用你能聚齐的所有智能。

你准备好应用这些智能了吗？我们这就开始。

沟通，沟通，沟通

除非人们彼此沟通，否则每家公司的内部都会存在未被开发的潜力。通过有效沟通，点与点之间可以对接，解决问题的方案唾手可得。

马克非常不能容忍缺乏沟通。信息在公司内所有部门以任何有可能的方式（通过传真、电话、信件）进行沟通的基础上，得以增强。我们甚至每年举行一次或两次高级管理人员会议，邀请被视为下一代领导者的人员参加，以便他们也能参与到谈话中来。

由于受到了重视，人们加强了沟通，并且将点与点之间都对接上了。对不分享信息的谴责被马克加以制度化，以至沟通自然而然地发生。

作为一名首席执行官，我意识到了在让人们进行沟通上所要做出的努力，以及我需要克服的惰性——这些足以让我发疯。随着时间一天天地过去，我对马克所完成的事越来越肃然起敬。

每次会议，我都会谈论点对点对接。在这个时代，当人们被消息淹没时，我们处于沟通不畅的状态。但是也许你认为不相关的东西可能会影响到其他人，所以我们预设的场景应该是反复沟通。我们是否没有给予对方足够的信任以获得清除不相关东西的能力？接收到这些信息的人是否比你做好了解决相关问题的更多准备？你怎么能知道这些？彻底而有效的沟通是关键，这也是我一直都在思考的东西。

——安迪·皮尔斯

电子邮件的艺术

马克没有必要去应付电子邮件中代表的祝福和抱怨，但是无论媒介是什么，他注重任何沟通中的专业水准的做法仍然值得提倡。马克专注于每封信件的精确度，在电子邮件上也是如此。每封电子邮件都反映了你的智商和严谨度，并且是一个阐释与确定你的商务立场的机会。发送未经检查、书写草率、有语法错误的电子邮件可能会损害你的形象，并将影响你在业界的声誉。

电子邮件礼节很重要。人们期望得到迅速的回应，如果你确定自己的立场，那么最好尽快给予答复。即便如此，人们在任何时间都会发送电子邮件，这会给收件人带来不必要的麻烦和焦虑。一般来说，工作邮件最好在工作日发送，除非事情紧急。除非时间敏感且绝对必要，否则我不会在周末发送商务邮件。人们（包括发件人和收件人）需要时间休息和调整，远离收件箱是一种有益的方式。

对于电子邮件的内容需要加以注意。电子邮件是没有语调的，所以要高度重视以清晰的方式进行沟通，并消除可能导致困惑或芥蒂的细微差别。我不是感叹号的粉丝。电子邮件可能是公开的，所以最好保持克制。如果你的笔记上有一些你不想在报纸的头版上看到的内容，那么你也许就不应该写它。通过电子邮件升级情绪也是不可取的，如果你收到一封在怒气下书写的电子邮件，那么带着愤怒的回复只会让事情变得更糟。一直以来，打电话或会面是平息怒火的最佳途径。

电子邮件使得商务交易更加高效，并促使商务人士完成更多工作。但是，电子邮件绝不应该完全取代口头交谈或亲身交流。电子邮件至关重要，但仅仅是作为更广泛的商务活动的一部分，所以永远不要遗忘手写笔记、电话和面对面会议的力量和重要性。

——瓦尔·阿克曼

小智慧

我的父亲是一个坚持准确拼写人名的人。他总是确保写下的人名是经过多次检查的。如果他犯了一个错误，那么他在下一次给这个人写信时会为所犯的错误而道歉。作为一个经常被写错名字的人，特别是在英国，我知道名字被写错有多么令人不快。是否写对名字对于信件的接收方式将产生重要的影响。

——莱斯利·麦考梅克·加蒂

个人跟进的力量

直到今天，我都在尽我所能地去接受我从马克那里学到的经验，包括他在任何形式的会议和电话后的个人跟进态度。通过后见之明——通常是最清晰的观点，我可以看到他在谈判中运用跟进策略，但从来不会损害他人的利益或使他人蒙羞。

其中一个例子是关于一位极具天赋的职业女子高尔夫球手的，她曾在其个人生活中面临过艰难，但马克从未放弃她或声称她“过于麻烦”。在开会讨论某一笔生意后，他让我留下来，继续与我分享关于她的故事。

马克认为我有必要了解她的天赋和苦难。他让我考虑一下，为她在英国女子高尔夫公开赛上的比赛做一个现场直播。第二天早晨，门房敲开了我的酒店房门，并交给我一本马克送过来的她的自传。这是他用以确保我了解整个故事的方式。我读了这本自传，了解到很多情况，这也成为为她定下这笔生意的重要构成。马克对人、关系和细节的关注往往被证明是不可思议的。

还有一次，马克邀请我在温布尔登共进午餐，但我完全不知道其他客人会有谁。当我到那儿时，我和几位客人围坐在一张桌子旁，其中包括一个名叫南多·帕拉多（Nando Parrado）的人。

我被南多深深吸引。他是伊桑·霍克（Ethan Hawke）在电影《天劫余生》（*Alive*）中扮演的乌拉圭橄榄球运动员的原型人物。这部电影改编自关于因安第斯山脉坠机事故而受困的橄榄球队的一本书。我看过这部电影，并对球队为生存而做出的难以置信的挣扎，以及对球队成员真实而顽强的生存意志充满敬畏之情。南多曾经是（现在也是）国际管理集团代理的杰出的励志演讲家。午餐讨论会的内容很宽泛、很引人入胜，当我回到酒店房间时，我仍然头晕目眩。马克又一次分享了“联系”和关系。另外，当我回到酒店时，等在那儿的是一本马克提供的《天劫余生》。

现在，对我来说令人难以置信的是，我只认识马克几年，而他对我和我与其他人的关系的影响却这么大。他的个人风格以及他与人们打交道的直观方式都让我永远钦佩和珍惜——我希望它们继续使我从中受益。

——马克·拉扎勒斯

信守诺言

如果你说到，那么就要做到，并且必须贯彻到底。

当我听着马克在话筒那头吼道“我现在就像以前一样对你很失望”时，我在国际管理集团已经工作 20 年了，当时我差点从椅子上掉下来。我做错了什么？

原来是在两周前，我和马克以及赫兹汽车租赁集团（Hertz）的首席执行官在马克最喜欢的纽约餐厅共进午餐时，我们的客人评价说他有多喜欢这家餐厅和我们所用的餐桌，并且表示他认为这是他在几周后召开的董事会会议的理想配置。我曾说，“交给我吧，我保证你会满意”，然后我完全忘记要对此负责。

如果合同出了问题，或者我们失去了任何一个客户，那么从物质意义来说，这些都会对公司产生更大的影响，但马克多半会说没关系，别担心。但做出了承诺却不跟进是不可原谅的。员工的一言一行都代表着整个国际管理集团的意见，如果它在随后被抛之脑后，那么这就会成为整个公司的负面反映。国际管理集团有很多人，我们的声誉有赖于每个人在每种情况下都信守我们的承诺。对做出的承诺（无论多么不起眼）进行及时跟进的宝贵经验，我将继续传承。

——安迪·皮尔斯

小智慧

马克永远会很守时。如果他说他会在下午3点打电话，那么他就会这样做。他信守承诺的风格使得作为客户的我们能够感觉到他对我们的重视。如果他说了会打电话却没有打，那么我们可能会觉得他心里装着别的事，并且我们在他优先考虑的事情中已经顺序下滑了。

——克里斯·戈林奇

高效率令人铭记

我曾在与马克的谈话中提道，当我还是一名少年高尔夫球手时，有一位名叫彼得·汤森（Peter Townsend）的英国高尔夫球手——他是当时最好的高尔夫球手之一。马克留意到我说的话，尽管这不是一个商务谈话。他在半天之内找到了一封他在40年前写给美国巡回赛（US Tour）主办方的信，信上说汤森是一位多么优秀的高尔夫球手，他应该出现在巡回赛上。虽然这点本身是微不足道的，但它表达了几层含义：首先，它表明马克一直在关注我所说的一切；其次，这也体现了他对比赛深刻的了解和洞察，那么久之前他就在关注汤森；最后，他的整理技能是如此强大，能这么快把40年前写的信弄到手，这件事太令人震惊了。我对此留下了深刻的印象。

——彼得·道森

简要汇报的重要性

有段时间，马克正在为温网的欧洲播出版权牵头谈判，我作为一名协助的初级律师参与进来。那是在一个星期五的下午5点左右，我正在为周末的到来而进行一周的收尾工作。就在我即将离开办公室时，电话铃响了。我的老板说道："蒂莫，我们有个麻烦。麦考梅克在星期一早上 7 点飞过来，他想要关于附属权利的合同。你必须在星期一上午 9 点准备好。"就是这样，他去度周末了，而我坐在那里一头雾水。因为我完全不知道需要做什么，我的老板只是把马克将要到达的讯息传达给我，却没有给我任何提示。我与另一位非常慷慨的同事取得了联系，他在周六上午为我做了一个 40 分钟的概况汇报。周六、周日两天，我加班加点，一直没有休息。这花了我原本美好的 40 多个小时，但当我交付工作的时候，我对我所完成的事情感到非常满意。

那天早上晚些时候，我被召集到会议室，我很期待受到对我辛苦工作的赞赏。然而，马克并不感到满意并且直言不讳。他想知道，为什么他想要的只是三条简单的补充条款，而我们却拟出了如此多内容的合同？我垂头丧气地"夹着尾巴"走出来，但是学到了两个重要的经验教训：首先是保持事情简短和准确的重要性，其次是我要让我的老板搞清楚马克想要的究竟是什么。如果我接收到准确的简要指示，那么这项任务可能只需要 4 个小时而不是 40 个小时，而且我甚至会得到赞赏。清晰地传达和准确地接收信息是一份汇报的重要组成部分，它们都是值得学习的宝贵经验。

——蒂莫·卢姆（Timo Lumme）

小智慧

即使你拥有优秀的律师，合同也只会与你向他们传达的信息一样完善。多走一步，让你的指示精确、简洁、清晰，不用长达 38 页。这会减少你在未来大量的麻烦。

——尼尔·霍布迪（Neil Hobday）

打破坏习惯

如果坏习惯根深蒂固，那么它们就很难被打破。解决这个问题的一个方法是增加额外的障碍，让人们停下来思考。

我父亲经常会仔细检查公司的支出。在一次这样的检查后，他向全球范围的员工发送了一份备忘录，备忘录上只写着："从现在起，公司将不再支付隔夜信件和包裹的送货费。当然，如果情况特殊，隔夜运送不可避免，那么请写信给我的助理，她会根据具体情况对每项申请进行核实。"

这两句话的备忘录为国际管理集团一年省下了超过 25 万美元，隔夜送货比备忘录发出的一年前几乎减少了 80%。当然，他告诉他的助理要核实任何到她那儿的申请。然而，人们不得不先打电话给他的助理这一简单的障碍使得行政团队很快就纠正了它们的坏习惯，并且只隔夜发送那些对业务至关重要的物件。添加额外步骤的简单做法阻止了那些已经成为习惯的不加思考的行为，并立即发挥了效用。

——托德·麦考梅克（Todd McCormack）

不要低估私人助理的力量

当你需要紧急会见一位高级管理人员时，通常唯一能够让其发生的人是他们的私人助理。

当天空电视台（Sky）与英国卫星广播公司（BSB）合并为英国天空广播公司（BSkyB）时，这家新公司由萨姆·奇泽姆（Sam Chisholm）领导，他因其不修边幅的举止成为业界传奇，我们都不是他的粉丝。然而，他将成为我们重要的联系人，所以我遵循马克的方式，确保我与他的私人助理有一个友好的关系。不久之后，到了重新谈判欧洲巡回赛（European Tour）与天空广播公司的电视合同的时候。这是一份重要的合同，很值钱，并且需要作为一项紧急事务被确定下来。此时，萨姆为了路演要在美国待上两周。我对萨姆的私人助理表达了我需要见萨姆的意愿。私人助理说萨姆的日程安排得很满抽不出额外的时间，这对大多数想见他的人来说都是如此。然而，我坚持要见他。由于我们一段时间以来建立的关系，我终于设法将自己挤进一个 6 点 30 分的早餐会。我们在一家酒店见面，并达成了交易。如果他的私人助理不乐意帮助我的话，这件事将永远不会发生。总是对你想接近的人的身边人物表示友好，这是普遍的礼节，另外，他们往往掌握着比你所认为的更多的资源。

——伊恩·托德

拥有准确到位的客户关系管理系统

客户关系管理如今是一个已经被认可的商业概念，但如果没有合适的系统来支持它，它就只是一个概念。在电脑出现之前的日子里，马克发明了自己的客户关系管理系统。

我是马克的第一任伦敦秘书，自 20 世纪 60 年代中期以来一直在国际管理集团工作，因此与他总是在口袋中携带的 3 × 5 索引卡片以及他用铅笔记录的黄色标准拍纸簿有着密切的接触。马克就是通过这种客户关系管理系统来获取个人信息的。

他还有另外两位秘书，分别在俄亥俄州的克利夫兰和纽约。当时没有互联网和手机，我们每年会举行一到两次秘书峰会，以便我们能够通过他一页又一页的全球联系人来共享信息和更新我们的记录。这一定是最早的客户关系管理系统之一，因为我们为每个联系人都添加了个人注释，注释内容包括他们是否收到马克的《高尔夫年鉴》、圣诞贺卡和礼物，以及他们的生日，等等。

当马克从世界的任何一个地方给我打电话时，他的 3×5 索引卡片意味着他永远不会忘记任何事情，所以我不能忽略任何细节，否则我就有麻烦了。当他到伦敦定期访问时，他将和我一起处理一大堆的文件。他喜欢立即采取行动处理完所有事情，以及他所谓的“与谁谈话”文档——因为它们包含了下一次谈话的所有相关内容。

他的客户关系管理系统如此滴水不漏，以至他的大多数行政管理人员和员工都复制了这一系统，甚至把这一由马克领导并由他的同事们操作的客户关系管理系统的早期版本定义为国际管理集团成功的关键因素。马克对这一联合性全球系统的设想——在合适的时间恰好持有正确的信息，是做生意的关键，并且对于任何面向客户的业务而言都是如此。

——萨拉·伍尔德里奇

不要浪费人们的时间

马克非常信仰不去做时间的窃贼，这种态度与我有强烈共鸣。准时在商业界至关重要，这是不让人们等待且尊重他人的标志。让对方知道你是否会迟到是最起码的礼节，你如果不这么做则不可宽恕，因为发一个信息或邮件提醒对方或表明歉意是一件如此简单的事。

我曾经有一次和一位同事约好在中午 12 点 30 分共进午餐，我准时抵达餐厅。当她在 12 点 45 分还没到时，我给她发短信，得知她还在很远的地方。当她在下午 1 点还没有出现时，我给她发短信说我不能再等了，我们将不得不重新安排时间。她花了一年时间终于鼓起勇气打电话给我要求重新见面。我同意了，但坚持在我的办公室里会面。这样，如果她再次迟到，那么我至少可以在等待的时候完成一些其他工作。某些话题是我想和她一起探讨的，所以我对这次会面仍然有兴趣。但是，鉴于过往经历，她需要按我的要求来。

直接切入主题而不浪费人们的时间也很重要。如果我正在接一个电话，那么我通常会允许 30 分钟的通话时间。如果电话的另一头漫无目的地扯了 20 分钟废话，而我们还没有说到这通电话的重点，那么我会说："在 10 分钟后我还有一个会议，那么在这最后 10 分钟里我有什么能帮到你的？"在通话开始时再次确认双方已为此留出多少时间不仅是有效的，而且是礼貌的。这同样适用于商务会议。我常常会在会议开始时说"我希望我的助理告诉过你，很遗憾我只有半个小时"，以便预先定好基本规则。直截了当并不是无礼的。相反，如果客气地、礼貌地设置时间参数，那么这就是良好的商务礼仪，并且可以使交易双方更有效率和更富成效。

——瓦尔·阿克曼

一起变强

当《哈佛商学院不会教你的商业策略》上市时，马萨诸塞大学阿姆斯特分校（University of Massachusetts, Amherst）的体育管理系将这本书作为包括我在内的学生的必读书。这本书成了我的商业圣经。我一直坚信的理念包括：商界中的法律学位有着极高的价值，干中学是强化课堂学习的一个更有效的方法，商业成功的大部分原因归结为直觉判断力与努力工作的意愿。但最能引起共鸣的是要具有良好感知的理念。

如今，作为体育管理学副教授和伊森伯格管理学院（Isenberg School of Management）的副院长，我看到了现在的学生正在被授以同样的理念。

建立一个强大而真实的网络需要付出极大的努力，它涉及对人的认识。这意味着要通过提出问题并积极倾听以回应、跟进和分享，以及成为给予者而不是接受者。如果一个人无条件地给予，那么一个良性的给予循环迟早会被创造出来（我们都会从中受益）。我们强大的、拥有7 000名校友的麦考梅克体育管理学院校友网络以1972年的第一届校友汤姆·彼得斯（Tom Peters）为开端，已经成立了50多年。校友通过指导学生来予以回馈，造访我们的课堂以分享见解，以及提供实习与工作机会。我们的学生被告知我们网络的力量，并在与他们休戚相关的实际行动中看到了这种力量。

2012年，当我们的一个学生想要带来一位棒球总经理作为演讲嘉宾时，这种力量得到了展现。我说，为什么只有一位棒球总经理，我们有三位校友是棒球总经理，而棒球总经理是美国体育行业最有声望和最受欢迎的职位之一，这意味着我们的团队是被赋予了尊重和殊荣的。通过我们的一个电话，克利夫兰印第安人队（Cleveland Indians）的克里斯·安东内蒂（Chris Antonetti）、波士顿红袜队（Boston Red Sox）的本·谢林顿（Ben Cherington）和匹兹堡海盗队（Pittsburgh Pirates）的尼尔·亨廷顿（Neal Huntington）在忙碌的日程安排中抽出时间，回到校园并分享了他们的经历。他们热情地付出他们的时间，因为有人也为他们做过同样的事。他们是在做接力，并且我相信，迟早有一天，那天晚上在那个拥挤的礼堂里的学生，在接到类似的寻求帮助和见解的电话时也会这样做。

我坚信，我们的集体胜利是通过互相帮助而取得的。我们可以沐浴在彼此的荣耀中，而不仅仅是在我们自己的荣耀中。我们在一起比分开时更加强大。

——莉萨·马斯特亚力克斯

更衣室的教训

在阿诺德·帕尔默和马克的关系早期，他们一起出去打高尔夫。打完球后，他们回到更衣室洗澡。在他们发现没有浴巾时，马克就开始喊更衣室服务生。当服务生没有即时出现时，马克越来越生气。当服务生最终拿着毛巾出现时，马克彻底爆发了——对服务生动作之慢而咆哮。服务生退缩到一旁。马克和阿诺德继续穿着衣服。在他们离开更衣室往外走时，阿诺德对马克说："我不会像你那样对待别人。如果你打算在我的职业生涯中为我做代理，那么你不能这样对待别人。"

多年以后，马克会很乐意说出这个故事。他过去常说，在对待他人的方式上，这是一个很好的教训，也是他想要传递给别人的一个经验。阿诺德是"王"，但他对待每个人都一样，总是带有尊重，绝不会居高临下地与对方说话。对当时还是一个自大的年轻经纪人马克来说，这是一个早期的教训，并且给他留下了深刻的印象。

——鲍勃·卡因

在会议上为弱小者辩护

一位前网球运动员曾在澳大利亚网球协会（Tennis Australia）任职，而这位运动员特别难以沟通。我们通过代理澳大利亚网球公开赛与澳大利亚网球协会打交道，并且每年可能有三次团队会面的机会。

在其中一次会议上，我要为一项新的电视版权协议做报告。除了没有让顾客为他们的评论员席位买单之外，我的报告涵盖了澳大利亚网球协会想要的一切，所以在场应该有很多人都会表示满意。然而，这位代表并不以为然，当我提到评论员席位时，他开始以非常激烈的方式对我尖叫。他的言语夹枪带棒，发出的攻击是针对个人的。我很震惊，但在我想出如何做出最合适的反应之前，马克当场阻止了他，问道："你是否曾经双发失误，然后继续赢得了比赛？我认为巴兹刚刚就是这样的。"

这令人惊讶。在那之后这位代表非常安静，我会永远记住那一刻。后来，我也会为那些可能不是会议上最重要的人辩护，使其免受级别更高的人的攻击。

——巴兹·霍内特

小智慧

我的祖父通过观察阿诺德·帕尔默学到了很多与人打交道的经验。我也同样幸运地可以和罗杰·费德勒（Roger Federer）合作并且向他学习。那是发生在美国网球公开赛上的一幕。在一次深夜比赛和随后一个小时的媒体采访结束后，费德勒终于在凌晨1点30分离开了体育场。有很多球迷在外面等他。由于他在第二天还有一场比赛，我确信他会直接上车。但他耐心地签名，为自拍摆出姿势，并与粉丝们友善地聊天。这并不是在作秀，他知道他的成功离不开粉丝的支持，他很感激这些粉丝。费德勒最喜欢的语录之一是："成为一个重要的人很好，但更重要的是要成为一个好人。"

——克里斯·麦考梅克（Chris McCormack）

精心设计的巧合

在我担任美国广播公司体育部（ABC Sports）总裁时，马克邀请我去温布尔登做客。从我在国际管理集团开始我的职业生涯时，我就很熟悉马克。通过美国广播公司对英国高尔夫公开赛报道权的谈判，我重新与他建立起友好关系。我记得当时掌握在全国广播公司手中的温网版权即将到期了。

我对能去温布尔登感到兴奋不已，并且非常期待那天的比赛，特别是能在皇家包厢里看网球比赛。马克安排了一辆汽车到我住的酒店接我，直接送我去他的帐篷里用午餐。这是一顿非常愉快的午餐，我们相谈甚欢。但是过了一段时间，我一直在看我的手表，因为我希望准时在包厢里观看比赛，我不想迟到。相当古怪的是，马克看起来并没有那么焦虑，一切都显得相当随意和从容。就在我试图弄明白究竟发生了什么时，马克的一名员工走上前来，在他耳边低语。就这样，午餐结束了，马克带着我匆匆走出帐篷。

就在我们出来时，迎面撞见的是应该从全国广播公司帐篷里走出来的全国广播公司体育部的董事长迪克·埃伯索尔和总裁肯·尚策。马克装出获得奥斯卡奖般的惊喜，并对所有人进行了介绍。他甚至让人拍下了我们在全国广播公司帐篷前的照片。就在那时，我知道了马克正是为这一刻而请我来温布尔登的。他就是想让全国广播公司知道美国广播公司对温网版权感兴趣。这是他通过控制他所掌控的所有资源并策划一个非常有效（或者说精心设计）的巧合来传递出的一个微妙的信息。

——霍华德·卡茨

如何招待

在澳大利亚网球公开赛之前，马克曾经每年都会来南非。我在开普敦有一个庄园，我邀请他每年在去澳大利亚的途中都在此停留。有一年我们在温布尔登会面。他悲伤地提及，他不能再去我的庄园了，因为他们已经改掉了澳大利亚网球公开赛的日期。既然现在的日期改为1月份，那么他将无法提前去我的庄园，因为我会和家人一起在那儿度过圣诞和新年。我说如果他真的会出现，那么我可以为他单独建一个客房。我们继续聊天，至于谈话内容，我已经记不清了。接下来，我在8月底的美国网球公开赛上见到了他。我再次问他是否会去开普敦，因为已经临近圣诞节了。他说："我这样告诉你吧，索尔。如果你能在圣诞节之前造出一间客房，那我一定前往。"我说行啊，于是我们就在3个月内建成了这间客房。果不其然，马克每年都会在那儿待上一阵，无论我在哪儿见到他，他都会问："我在开普敦的房子怎么样了？！"

在报答这一款待上，他没有丝毫吝啬。在温网的最后四天，在罗兰·加洛斯球场的法国网球公开赛决赛上，我都会和他待在一起。马克在罗兰·加洛斯的"大帐篷"坐落在赛场对面的花园里，事实上，它根本不是一个帐篷。马克解释说，在与法国网球联合会（FFT）意见分歧最激烈的时候，法国网球联合会强制国际管理集团离开了企业招待村。国际管理集团并没有知难而退。通过与当时的巴黎市长雅克·希拉克（Jacques Chirac）的接触，国际管理集团租下了城市植物园内的两间19世纪的大型温室，就在罗兰·加洛斯的街对面。其中一间温室被用作国际管理集团网球客户及其家人的休闲场所；另一间更大的温室被改装成了一个优雅、宽敞的企业招待区，并招来所有法国网球公开赛的其他访客的羡慕。几年后，当法国网球联合会试图但没有成功地从国际管理集团的眼底下租到植物园的地盘时，你可以想象到马克幸灾乐祸的样子。此时就是你知道你的招待是否周到的时候。

——索尔·柯兹纳（Sol Kerzner）

小智慧

为商务午餐创造合适的氛围非常重要。马克坚持在预订餐桌之前检查一下这家餐厅，并找到一个没有音乐的安静区域，以便更顺畅地谈话。其他的小技巧包括预订三个人的桌子，即使只有两个人用餐——你们会有更大的空间。面对宽敞的空间而坐，这样你的客人就不会被餐厅里其他地方发生的事分心。如果这次用餐很顺利，那么请留意餐桌号码以备将来之用。

——萨拉·伍尔德里奇

在文化上保持协同

在不同的文化背景下自如运作的能力不是一项人人都有的技能，而选择合适的人在海外做你的代理是非常困难的。招募到优秀的又能融入你的组织的人是很难的，这为海外招聘工作又增添了难度。我已经建立了国际业务，并且在海外安置了一些优秀的人，但他们做得并不好。然而，马克在世界各地建造国际管理集团的速度之快令人惊讶。他在挑选优秀人才方面的才能是非凡的，并且如果他不得不做出变更，他会很快做到——这样可以辨别出优秀人才。我们都会犯同样多的错误，而成功的诀窍在于承认错误并迅速做出改正。

要在海外取得成功，你需要读懂和回应文化差异。马克见多识广，我在很多不同的环境下遇见过他，他与法国人、德国人、日本人，无论什么地方的人，都能相处融洽。不同地区或多或少存在着文化差异，比如在日本，马克就比他在克利夫兰的办公室时更加保守一些。在鼓励他人的时候，他会更加恭敬，但在做出明确决策方面他仍然很爱秀出自己。顾客希望在决策过程中看到清晰的思路，并且看到他们正在与最高层人物打交道，但他们却不希望感觉到他们是在被告知该怎么做。回到本土，马克不会再毕恭毕敬，但总是乐于授权，并让其他人看到他是如何做决策的。无论作为企业所有者还是管理者，能够对不同情形下的要求做出回应都很重要。在文化上保持协同非常重要，无论在本土还是在海外。

——约翰·柯里

应对压力

你会发现，那些在他们所从事的领域处于顶尖位置的人，他们的大脑总是在嘀嗒运转。马克无时无刻不在思考如何发挥出我们的优势。我有一句格言是，每时每刻整装待发。你每一天都要拼尽全力，而不能每周只拼一次，然后就不再过问，尤其是当你拥有一家公司或者处于一个高层职位时。这种责任在你每晚入睡前都伴随着你，绝不会离开你的脑海。为了应对这种压力，首先，你必须享受它。你必须这样想："这很好，今天我经历的任何事情都对我有所启发，而这会让我变得更加优秀。"其次，你必须制定并遵守一套例行程序。如果你有见过一名顶尖运动员，那么你会发现他们有他们的规则和惯例。他们如果不遵循规则和惯例，就会扰乱他们的节奏并影响他们在赛场上的发挥。

我们可以通过网球运动员在网球场上的习惯性动作感受到这一点。

教练向球员灌输了新的理念——保持冷静与平和，而习惯性动作能让球员变得更加镇定。球员还要不断地适应外在世界发生的事情。如果一名球员拥有良好的自我调节能力并一直保持冷静，那么他就有可能超常发挥。我们可以通过球员在发球前同样的拍球次数看到这一点，或者通过他们在每次交换场地时在同一个地方留下毛巾而有所感触。在交换场地时，他们只有几秒钟的时间，所以他们最好把一切都准备就绪，没有任何令他们慌张的理由。就像运动员一样，高级管理人员在日常工作和生活中面临着负担和压力。马克知道有自己的一套例行程序对他来说是非常有用的。这就是他每时每刻都会在自己的上衣口袋中携带 3×5 索引卡片的原因——随时准备记下任何感兴趣的东西，这就是他如此重视在黄色标准拍纸簿中记录他每日“待办事项”的原因，这就是他严格按照时间表尽量每天都午睡的原因。这些都是帮助他处理压力的应对机制和惯例的一部分，并给予他内心的平静以面对每一天的挑战。

——比利·琼·金

练习正念与幸福感

我的父亲运用到商务活动中的严格原则有无数个。真正令我感到震惊的是，他在管理个人生活、健康和幸福感方面也是这么严格。我相信他在商业上的成功与他在这些方面的付出息息相关。

在正念与幸福感成为时髦的 50 年前，我的父亲就运用到严格管理的艺术。他追踪了他每天睡眠的小时数、他的体重和他的运动量，并分析他年复一年的追踪结果。像任何商务会议一样，每日午休与锻炼的时段以及更长期的恢复性健康修整都会被安排好。他可以运用高超的技巧分解问题，而绝不会陷入对一个难题无尽的纠结中。相反，他会估算出解决这个问题需要多长时间，并为此规划好时间窗口。同样，他喜欢安排“创造性思维”时段，并会列出计划和想法清单，以备在时间充裕时对其进行思考。

一次只关注一件事然后把这件事装进匣子并继续前行是一项很棒的技能，它可以提高你的生产率并使你得到最大程度的放松。将生活规划到此种程度的负面影响就是你会失去自发性。我的父亲就像一台运行着的机器，而这台机器难免会受到外界的干扰。他很幸运有帮助他恪守严格日程表的优秀的员工们。我们绝大多数人不会如此幸运，正如我们所知，有时候生活会扰乱你的计划。

在我举办婚礼的前夕，新娘的父亲要求我给他写一份备忘录，列出他在婚礼过程中需要做的事。我在三页纸上写下了婚礼的活动安排——每一项活动的时间点以及每个角色的任务。然而，我忽略了一个我认为不言自明的重要细节。站在教堂的门口，看着伴娘在走道上消失，我的父亲掏出他的备忘录，确认他下一步要做的事。我对此并不感到十分惊讶，我挽住他的胳膊并引导他走进了教堂。

我从我父亲那里学到了规划时间的好处。然而，我的母亲南希，并不总是最好的计时员，而且喜欢干一些有点心血来潮的事。从她那里，我也看到自发性可以带来巨大好处。当我处理我自己的生活时，我尝试在规划时间和自发性之间取得一个良好的平衡。

——莱斯利·麦考梅克·加蒂

小智慧

当你在飞机上用餐时，最大的诱惑是你在吃饱之后还可以继续拿东西吃，直到托盘被清理走。马克对我说，把你的餐巾放在托盘

> 上并把它掖好，然后你就不会再拿东西吃了。我在长途航班上一直都是这么做的。
>
> ——尼尔·霍布迪

多走一英里

在某些情况下，赞扬员工是有益的，但是有时候赞扬会导致自满。这当然是马克的观点，因为你连他轻拍后背的赞许都鲜有耳闻。

有一天，我正在国际管理集团克利夫兰的办公室工作，马克在没有任何预兆的情况下大步走了进来。他说："迪克，你必须为我做一件非常重要的事情。阿诺德对我很生气，我希望能够做成一笔生意为他带来10万美元的收益。我会在三天后去见他，所以你必须在那之前办妥。"随即，他关上了门，将我留在那儿。我不知道如何在三天内谈成一笔10万美元的生意。我开始盲目地在周边广泛撒网，期望着捕捉到一些东西。最后我找到一个人，他可以为运动员联系量身定制的推广业务。马克有一位制造复印机的客户，他很乐意为阿诺德正在复印一本关于高尔夫的书籍的照片买单。我解释这件事必须尽快完成，我需要在三天内拿到支票。

当照片拍摄完成后，支票在两天后收到——8.5万美元，因为代理商从中抽取了15%的佣金。考虑到我的时间有限，我仍然觉得这相当了不起。我骄傲地走进马克的办公室并将支票交给他。马克并没有分享我这么快就扭转了局面的喜悦，他说："迪克，你就不能再多要1.5万吗？"

在我的努力没有得到赞赏时，我可能会感到沮丧，但是这强调了一点：鉴于马克对他人严格的要求，没有比我更好的就说明我已经足够好了。我学到的是，即使面临压力，也要多走出一英里——这是在商务活动中取得卓越成就的关键。

——迪克·奥尔福德（Dick Alford）

平衡工作与生活

马克总是主张关心人们的家庭，他自己就巧妙地将生意和家庭融合在一起。有一次，我在他毛伊岛（Maui）的家中做客，他全家都在那里。我在海滩上散步，他在家里的客厅与两位冲浪方面的领军人物会面，评估国际管理集团是否能在这项运动中占有一席之地——这一切都在他全家人的眼底下进行着。玩冲浪的伙计对他的家人和我都很彬彬有礼。没有人认为马克的这种商务活动会对他的私人生活产生干扰，反之亦然。这些生活是和谐的。今天有很多关于工作与生活平衡的话题，但是为达到这种平衡而划清商务活动和私人生活的想法变得越来越过时，因为很多职业都需要我们一周七天全天候地投入。

在这个方面，马克超前于他的时代。他不仅将他的职业生活和家庭生活融合在一起，而且他还看到了这样做的价值。如果人们在见你的时候，你和家人在一起，那么人们就会更了解你。这可以真正地打破僵局。人们会意识到与他们打交道的人不是一个两面派——不会因为商业目的而装腔作势，因此他们会对你更加信任。另外，当时还处于青春期的马克的孩子们看到工作中的马克与在家时是同一种人。我在我自己的生活轨道中也领会到这种相互作用。我每年都会参加一些法律会议，但我绝不会错过的是每年举办一次的媒体法律会议（通常在佛罗里达州举行）。这项会议有着一个带家人参加的传统。有很多人，我是通过他们的家人认识的，或者通过他们的家人对他们更加了解。这确实增强了人际关系，并使得人们在这种关系和信任的基础上开展商务活动。

——鲍勃·莱瑟姆

好建议从不过时

我被马萨诸塞大学吸引的部分原因是体育管理系设在商学院，还有一部分原因是它对真实世界体验、人际关系和企业家精神的重视。在体育管理系变成马克·麦考梅克体育管理系的时候，我还是一名学生。关于马克与他的原则以及他对人的重视，我们学到了很多，同时受到启发并追随同样的创业精神与发展精神。

在我加入了体育多样性协会（Association of Diversity in Sport）的第二年，我们在校园里办了一个职业博览会。我们认为，站在公司的面前并给公司留下第一印象，比单纯地发简历更有意义，这在我们以人为中心的行业比在以会计和金融为中心的行业更有意义。我们在第一年招募到 20 个组织，第二年扩大到 40 个组织、主题演讲和一系列小组讨论会。我们销售的是我们所拥有的资产——我们的学生，点明实习或初级职位人才保障的价值。如今，我在篮球行业拥有了我梦想中的初级职位。我是一个具有明确的全球风范和企业家风范的团队中的一员。我走遍了世界各地，在很多方面，我的角色就像是一个大型企业的初创项目的一部分。

有意思的是，《哈佛商学院不会教你的商业策略》已经面世超过 30 年了，对我来说，书中没有一条策略是不适用的，特别是在建立真正的友谊和人际关系方面。如今我为体育产业联合创办了一个关系网，目的是让纽约的人建立联系和重建联系。此前，正值我们竭力维持联系之时，我的一位导师为我带来了创办关系网的这一想法。我们的目标是团结起来、相互了解，并把其他人也带到圈子里来。我们的团队已经逐渐发展起来了，仅仅一年，我们的数据库中就有了 400 人。我在读书时学到的、在 30 年前就被倡导的关于人际关系的理念，对我和我周围的人，以及对我们如今的工作和生活仍然有效。

——马尔科姆·拉芬（Melcolm Ruffin）

第二部分

谈　判

第四章

准备谈判

我常常将谈判视为正在进行的销售工作的最后一步，这是一个可能持续数月甚至更长时间的进程的高潮部分。

对于马克·麦考梅克来说，哈佛商学院教育最大的一个漏洞就是缺乏对销售的关注。《哈佛商学院不会教你的商业策略》是以销售和谈判技巧为核心的，旨在通过分享马克所认为的有效销售的本质——时机、耐心和毅力，加上对形势和对与你交易的人的敏感度——来弥补这个漏洞。马克相信，拥有良好的、健康的直觉判断力可以使情况大不相同。即使对我们这些谈判和销售技巧有限的、对展示自己感到恐惧的人来说，也是如此。本书第二部分提供了一个关于谈判的大师课堂，而这些讲课之人的经验就是从马克大师那里学来的。

第四章着重于谈判的方法和准备。娱乐与体育节目电视网（ESPN）总裁约翰·斯基珀（John Skipper）将国际管理集团的谈判方式定义为“让你的公司和客户都取得成果的简单的哲学方法”，这是他本人很乐于信奉的哲学理念。采用**协商解决问题的方式进行谈判和销售更有可能给**

你带来你想要的结果，并为更持久的商务谈判打下基础。花花公子公司（Playboy）前董事长兼首席执行官克里斯蒂·赫夫纳（Christie Hefner）将谈判这门艺术描述为“理解对方的需求、担忧和欲望，以围绕同一个愿望并达成双赢目的而走到一起的能力”。

谈判伙伴就如同个体一样，可以被“阅读”。你需要了解你想要与之做生意的组织和它们的代表。**留意你的谈判伙伴目前所面临的难题，努力向他们展示对其行之有效的机遇或解决方案。**了解任何谈判中的真实力量所在，就像伊恩·托德向我们呈现的他对美洲杯（America’s Cup）谈判所采取的策略一样。花时间找到合适的“守门人”或拥护者，他们有助于你获得相关资源以达成你的目的。至关重要的是，要意识到是谁在做这个买卖，以及买卖过程将会是怎样的。

正如女子网球协会（WTA）的斯泰西·阿拉斯特如此具有说服力地倡导，最有效的谈判者和销售方了解并热爱他们所提供的产品或服务。你还需要对异议或障碍进行预测，**基调和风格也很重要**。从一开始就要为交易即将达成而设定明确的场景，并表现出坦诚和谦逊，努力推进谈判的进程。留意实际情况：一旦交易达成，立即跟进书面形式，或者在谈判期间阐明情况，并在达成一致后尽快捆绑所有事项。

价值观和精神气质也扮演着重要角色。设身处地地理解并尊重对另一方重要的价值观。迈克尔·赖特指出，诚实可以成为谈判中的最佳策略，在其他情况下也是如此。约翰·柯里很清楚，马克·麦考梅克对温网传统的尊重引领着温网“以体现其价值观的方式行事”，这对国际管理集团与温网主办方做生意或为它们服务都至关重要。尼尔·霍布迪和盖伊·金宁斯都对平衡体育的商业化与尊重其自身特殊精神的需要有着深刻见解。

即使有了最好的准备和深入的了解还不够，因为只有坚持不懈才能获得实质性的突破。杰里米·帕尔默–汤姆金森“不要说不”的经验值得我们借鉴。马克·麦考梅克和国际管理集团寻求与英国皇家园艺协会（UK’s Royal Horticultural Society）和切尔西花卉展的合作可能花了很长时间，但结果却体现了双方的立场。**坚持不懈，寻找创造性的方法来改变你的诉求。如果一种方法无效，那么再尝试其他方法。**

是时候学习我们的供稿者如何在他们自己的实践中运用这些方法和想法了。

谈判的艺术

我曾与多位国际管理集团的高级管理人员合作过，在我看来，他们仍然恪守马克的传统。在着手准备和跟进方面，他们有一套做生意的方式，这与马克的作风一致，也与顶级公司保持一致。他们的谈判风格也如出一辙。我记得与巴里·弗兰克谈判娱乐与体育节目电视网对高校播放系统的版权的场景。他明白如何达成共识：他让我第一个给出提议，并搞清楚如何做到双赢。正是由于巴里的方法，我们之间做成了很多笔生意，而且我在其他高管那里也有过类似的经历。

我自己也坚持很多原则。我赞成在进行交易之前了解对方的诉求。在我们参加某场会面之前，我会对团队成员说，我们希望从这次会议中得到些什么，以及一旦会议结束，与我们会面的这些人走在大街上，我们希望他们心里想些什么。

我总是希望搞清楚双方想要什么，这样我们就不会浪费时间，而且我们知道适可而止。我试图在谈判中达成的第一件事就是让对方列出他们最重要的想法，这也许并不总是与数字有关。在我看来，如果我有五件想要的东西，那么我会对这五件东西提出要求。在我担任娱乐与体育节目电视网的内容负责人时，这个角色需要承担很多交易的谈判工作。我的前任的态度是，除非有理由说“好”，否则就说“不”。他会用“不”争取在其他谈判事项上的筹码。我接管后表示，我们会说“好”，除非有理由说“不”。无论如何，我们都不会对我们准备提供的买卖讨价还价。在谈判中斤斤计较会让我觉得浪费时间。

从一开始就清楚你想要什么意味着你可以在当你得到它们的时候停止谈判。很多人不甘心接受“好”，因为他们认为如果他们坚持，那么他们就可以做成一笔更好的生意。如果你在一开始达到你所期望的目标时就停下，而不是试图获取更多，这将会是一个令对方感到满意并对你具有正面意义的公平结果。说赢得了一场谈判的人让我觉得很好笑。除非你只想和别人做一次生意，否则结束谈判的唯一方式就是谈判双方能够实现双赢。

也许有些人享受谈判的艺术。比起过程，我更享受结果，我相信这就是国际管理集团的谈判方式。如果你试图总结国际管理集团的谈判方式，那就是一种让你的公司和客户都取得成果的简单的哲学方法。这与我自己的原则一致，我总是喜欢和国际管理集团做生意，因为我从未经历过不公平的过程或结果。

——约翰·斯基珀

注重双赢

当我在学习做生意时，在花花公子工作之前，我从未在别家公司工作过，另外，我没有工商管理硕士（MBA）的学位。我倾向于关注开发职业技能——融资、市场营销和组织发展，这就是我通过参加学术课程以及产品展出所做的工作。我很早就了解到建立广泛而深入的顾问网络的价值。当我在1982年成为董事长并开始壮大花花公子企业董事会时，马克是我邀请加入的首批人员之一。

观察成功的商界人士让我受益匪浅。我观察到，大多数时候，商业是具有交易性的，但不总是这样。我在马克身上看到了一种与众不同的方式。尽管他是一个完美的生意人，但是他的风格是通过建立关系来"打持久赛"。通过商务招待，通过去了解并记录一个人甚至他们家人的兴趣，通过寻求可以做到并且会被记住的小恩小惠，我看到马克都一一做到了。他深信人们更愿意与他们喜欢的人做生意，并且我相信他是对的。与你希望做生意的人建立真正的关系具有不可估量的价值。

他教会我如何分享自己。我开始领悟到理解和探索新的销售区域的价值，而不是在我一到达酒店或会议室就缩在那里立即敲定交易要点。当我成为首席执行官并开始发展花花公子的国际业务时，这一收获是无价的。我发现，特别是在海外，商界人士高度重视你的品性，并希望你也了解他们。这样做的好处不仅使首次达成交易的可能性更大，而且在于如果发生意外事件——无论是机遇还是问题，在达成交易上的可能程度更高，因为双方会通过协调和信任机制来共享机遇或全力解决问题。

绝大多数时候，人们会将谈判艺术视为得到你想要的结果的能力，而实际上它是理解对方的需求、担忧和欲望，以围绕同一个愿望并达成双赢目的而走到一起的能力。马克就是这方面的大师。

——克里斯蒂·赫夫纳

把热情带到销售中

为了能够说服别人，你必须对你的产品有真正的了解和充满热情。马克和我的老板（前国际管理集团员工）约翰·贝丁顿（John

Beddington）都有这种能力，国际管理集团同样如此。对自己的产品充满热情，采取更协商性的销售方式解决品牌问题是国际管理集团持续成功的关键之一。

当我在推广网球运动的时候，我对这项运动充满热情和信念。我推广的正是这种信念。在有赞助商的情况下，你通常会销售无形商品——运动员的品牌将如何与其他品牌结盟。你必须有信心达成交易。你需要极力说服买方，这对他们来说是一桩合算的生意。我的商业合作伙伴说，当我与他们合作时，我会不遗余力超值完成工作。我表现得如同是他们公司的员工，我认为为了达成合作并维持长期的赞助关系，这样做是必要的。

销售的成功不在于你想销售的东西，而在于对买家的立场和逆向思维。他们的业务困境是什么？你可以为他们的生意发展带来怎样的机会或解决方案？销售成功的另一个关键因素是交易达成之后的执行速度。我记得约翰在会议后直接打电话给律师说，我们要在24小时内搞定这份合同。在没有约翰的情况下，在加拿大网球协会（Tennis Canada）完成我的第一笔交易后，我打电话给律师事务所，并说了完全一样的话。对你的产品的了解和充满热情，对你的买方需求的理解，加上优异的后续工作的执行力度是任何成功销售的基本原则。

——斯泰西·阿拉斯特

理解交易中涉及的价值

我们在温布尔登所做的一切都是为了长期合作。忠诚是我们品格和传统的一部分，并且它具有价值。当我们在续约时，我会对马克说，除非潜在的新合作伙伴能够多提供20%的费用，否则不值得与之谈话。除非有一家公司准备付出高昂的额外费用，否则我们为什么要改变？

温网有个不同寻常的特点，它比我们任何人都更长寿，有更多的传统。更重要的是，我们行为的方式体现了品牌的特征。我们主张“球员第一，粉丝第二，播出版权第三”。如果我们一直对小额资金有所迷恋，那么我们将失去很多可信度。我们需要以体现温网价值观的方式行动。马克明白这一点，他不仅支持这种方式，而且还亲自采纳了它。我一直保留着来自我和马克在一起的时候的两张纸：一张是我赢得的 5 英镑赌注；另一张是在我们签订电视合同之后我会告诉他的分成。这是一个非同寻常的举动，但表明了我们的相互理解，协商、长期合作比递增的分成更重要。理解交易中涉及的价值只会有助于巩固关系，并为双方带来更好的结果。

——约翰·柯里

设定场景

有一次，我正在和马克一起处理两个完全独立的项目。他打电话叫我到他的会议室分别讨论两个项目中的一系列问题。房间明亮通风，有一个绝佳的可以俯瞰伦敦泰晤士河的角度。在房间的一端有一张沙发和扶手椅，那儿视野很好，我们可以看到整个河面。我们开始谈话，他坐在沙发上，我坐在他对面的扶手椅上，两人都处于放松的状态。

在我们完成了关于第一个人事话题的讨论之后，我急于转向下一个话题。然而，马克马上打断了我，说：“不行。关于第二个话题，我们应该举行一次正式的会议，然后讨论出更有意义的结果。”没有其他人进入房间干扰到我们，但对于马克来说，重要的是要在精神上做出改变，设置一个不同的场景。

——琼·库克

小智慧

向到场的每个人介绍自己。如果出现有人不认识马克的最小可能性，那么马克会在会议开始时介绍自己。他不会因为自己是个大人物就去假设他们知道他是谁。这从一开始就让大家很安心。

——巴兹·霍内特

基调和风格的重要性

如果对方倾向于对你有好感，那么任何谈判都会向好的方向发展。在会议开始时设定一个积极的基调很重要，马克对此非常了解。

温网主办方和国际管理集团每年举行两次会议，马克通常以交付支票开始会议流程。这通常是在几个月之前敲定的款项，可能是来自某项许可协议的费用，但他会选择亲自交给我们。这是一位对支付六位数的支票面不改色的罕见客户。

他也会采用更加私人的方式。像马克一样，我热衷于保存记录，我有一封他在2002年我们即将见面的前几天寄给我的信。随信寄来的是他女儿玛吉（Maggie）的照片，并附有信息“我知道你正在为女单建立一份2013年外卡档案，我觉得你应该把这些照片添加进去”。这是一封随时都可以寄给我的信，但在我们见面之前寄出它是一个加分之举。

我们并不总是这种待遇方式的接受方，我们也可以参与其中。当电视版权或其他重大交易即将完成时，马克会尽力确保全英草地网球俱乐部的代表会来到场地并与重要人物见面。比如在日本，他建议我们带一支队伍到东京及周边地区与当地的一些俱乐部打几场比赛。

全英草地网球俱乐部的参与总是备受好评，并且这增加了马克保有客户的信任度，而不仅是靠他自己进行谈判。这就设定了正确的基调。因此，当我们需要谈判一项新合同时，他为国际管理集团已经积累了大量信誉。

——克里斯·戈林奇

尊重你的工作圈子

当马克作为全球性力量出现时，人们给了马克一个绰号：鲨鱼马克。虽然许多人对他的商业敏锐度印象深刻，但美国高尔夫协会等对他的商业成功表示质疑。一天晚上，马克邀请高尔夫协会成员到他家中共进晚餐。在用餐时，他非常自豪地向他们展示了他最珍惜的财产。那是自他作为业余高尔夫球员的那些日子起，他获得的美国高尔夫协会奖牌。这改变了他与美国高尔夫协会的关系——从那时开始，美国高尔夫协会再也没有将他视为那种以商业的名义在高尔夫运动中横行霸道的商业巨头。相反，它们看到了一个热爱并且非常尊重这项运动，并为他赢得的奖牌感到极其自豪的人。他能够证明，他没有忘记围绕着诚信、公平竞争和一种近乎科林斯（非职业运动员）式的比赛精神而从事高尔夫业务。

在离开国际管理集团后，我曾在高尔夫和马球（世界上最古老的团队运动）领域工作，我一直对我工作所涉及的运动抱有深切敬意。体育事业必须与其精神气质相辅相成，而不是破坏它。在商业方向上推动体育运动和保有其精神之间取得平衡是取得成功的根基。

——尼尔·霍布迪

不要杀了下金蛋的鹅

有一次，马克应邀在牛津辩论协会（Oxford Union）做演讲。尽管当时我的级别还很低，但作为牛津大学的毕业生，我有幸和他一同前往。

演讲本身进行得很顺利，马克沉着地处理了一些棘手的问题。当晚的正式环节结束后，他受到了罗杰·班尼斯特爵士（Sir Roger Bannister）的欢迎。罗杰爵士是牛津大学的一位讲师，却因为他的四分钟一英里而不朽（他是世界上第一个在四分钟内跑完一英里的人）。他们谈论了大约半个小时，尽管我听不到他们的谈话内容，但我觉得看着将体育运动现代化和商业化的人与非职业体育运动的前辈进行深入对话很有意思。这是两个世界之间有趣的碰撞。

我在 2014 年听了罗杰爵士做的一场报告，从他四分钟一英里的壮举到那天已经 60 年了。之后我走上前去找他，并解释说他可能不会记得我，但是 20 年前我是和马克一起来的。我被他的回复迷住了。他说："对，我记得，我非常喜欢马克。他很相信体育事业的重要性，就算他可以在这上面干点出格的事，他也不想对体育运动的神圣性做出任何改变，这本身就很重要。"

在我们创办印度板球超级联赛（Indian Premier League）时，有人建议如果一名球员将球打到某个位置，应该得 8 分而不是 6 分。但这条建议很快就被拒绝了，因为"那不是板球"。马克改造了体育运动以及与之相关的所有人的生活，创造了一个前所未有的行业，但他知道不能玩弄体育运动的精神和本质。他知道什么是重要的，并对其示以尊重。

——盖伊·金宁斯

小智慧

注意并尊重着装规范。联赛期间，我在全英草地网球俱乐部时总是戴着领带。这是一个私人会员俱乐部，会员们戴着领带并穿着夹克衫。我觉得我是一个客人，需要表现出尊重，即使我有任意通行的证件和权力。这是我从马克那里注意到并效仿而来的，他总是在去俱乐部之前打上领带，并且看起来总是很专业，这一点非常重要。

——托尼·高德希克

了解你自身的实力

1983 年，澳大利亚皇家珀斯游艇俱乐部（Royal Perth Yacht Club）赢得了美洲杯（America's Cup）冠军。这是一件大事，这一胜利终结了纽约游艇俱乐部（New York Yacht Club）连续 132 年的不败纪录。这也意味着一个多世纪以来，美国杯挑战赛将首次从纽约转移到珀斯，因为规则规定优胜方主办下一场比赛。我们代表珀斯游艇俱乐部的老板艾伦·邦德（Alan Bond）和珀斯组委会，为他们捍卫美洲杯的主办权。我们成立了组委会以处理围绕该项赛事产生的众多规则和条例，但进展极度缓慢。纽约游艇俱乐部多年占据冠军宝座并长期操纵着这项赛事，它们企图掌控赛事进程。它们指手画脚，渲染出一种优越的气氛。

马克看到了正在发生的一切，他把珀斯组委会叫到一旁。他说："告诉纽约游艇俱乐部它们将不会被邀请参加下一届比赛。这是你们的主场，由你们来定规则，只管不要邀请它们。"

纽约游艇俱乐部在从马克所给的建议的震惊中恢复过来后，就像一个巨大的灯泡在房间里熄灭了一样。皇家珀斯游艇俱乐部领会到它们所拥有的权力，这让它们激动不已。在此之前，皇家珀斯游艇俱乐部将纽约游艇俱乐部视为更有声望的俱乐部，需要对其示以尊重。突然之间，它们认识到它们之间实力相当，并且的确如此，因为它们拿到了比赛的主办权。在这个事件中，这种激进的行为是没必要的，但是面对刚刚被激起的信心，美国人放弃了他们为了面子一直试图修改的规则和条款。这说明看问题不能浮于表面或受到恫吓。另外，估算谁在谈判中拥有真正实力显得尤为重要。

——伊恩·托德

找到守门人，成功就会来

作为一名出色的业余球员，马克特别热衷于高尔夫球公开赛。公开赛由皇家古典高尔夫俱乐部负责运营，该俱乐部在 20 世纪 70 年代几乎破产。很明显，俱乐部拿不出必要的奖金使公开赛与其他重大赛事相媲美。大多数人都说，五年后它将不会继续运行。但是，马克渴望它能获得成功，所以对他来说，与皇家古典高尔夫俱乐部站在同一边是非常重要的。碰巧我是打开这扇门的钥匙。

马克一直在和皇家古典高尔夫俱乐部的秘书谈，但两人并没有取得进展。当时我们的秘书没有认识到马克存在的必要性，并强烈反对把这一赛事的主办权委派给一个像国际管理集团这样的机构。但我无法坐视世界上最古老的锦标赛就这样消失。

当我成为皇家古典高尔夫俱乐部总裁时，锦标赛委员会是圣安德鲁斯最强大的委员会，比总务委员会还略强一点。我加入了对马克是否参与这一问题的讨论中，我对此怀抱巨大热情。我知道马克的加入将使俱乐部获得所需资金。温网已经雇用了马克，我的调查显示它们对他的工作感到欣慰。我向锦标赛委员会做了报告，并被授权与马克进行谈判。然而，总务委员会并没有被我打动，它的主席宣布皇家古典高尔夫俱乐部不应商业化，并按照原则辞去了职务。

尽管有些人表示反感，但马克的上任立即被证明是成功的。我和他一起去纽约为我们的电视合同续约。听着马克与美国广播公司的谈判，我目瞪口呆。那时，我们一直从美国广播公司的美国电视版权中获利 10 万美元。在我们见美国广播公司代表之前，马克说我们应该撕掉现有的协议，从“1”开始，并且要有在三年内涨到“5”的想法。然后我意识到他是在谈论 100 万美元的协议，我的嘴巴差点掉到地板上。

他事先并没有和我讨论过版权费用，所以我很担心。虽然我显然有意提高费用，但我觉得我有义务对美国广播公司表示，我更在意的是俱乐部的名声。我不希望对方对合同有不利反响或产生任何不满，我认为这一点很重要。但是，马克被证明是对的，对方没有争辩就答应了。

之后，我问马克他究竟是怎么想出这个数目的。他表示，他已经了解到美国广播公司有意从电视版权中获得多少收益，他希望寻求收益的公平分配。这并不是一个凭空想出的数目。后来国际管理集团获得了营销权，马克在日本、澳大利亚和西班牙就电视合同进行了谈判。结果是，皇家古典高尔夫俱乐部发展的势头更加强劲。

我们有了很紧密的关系，并成了好朋友。我很信任马克的建议，马克也在俱乐部的内部事务上向我咨询。马克明白，对于皇家古典高尔夫俱乐部这样的机构，参与进来并不容易。但马克对他的建议非常有信心，并且我可以帮他铺平道路。反过来，我对马克的服务也充满信心。

——科林·麦克雷恩（Colin Maclaine）

不要把你的鸡蛋放在同一个篮子里

当克里斯托弗·斯卡斯（Christopher Skase）买下澳大利亚一个重要的电视网第 7 频道（Channel 7）时，他的首要任务之一就是大举进军体育界。他雄心勃勃，并且准备了充足的资金。在我父亲的劝说下，他毫无顾虑且顺利地买下了一些高尔夫赛事，数量是以往任何人买下的赛事的数倍。

在谈判开始时，令我震撼的是，我的父亲显然希望保护现任的广播公司——克里·帕克的第 9 频道的一些关键赛事（该频道此前承担着大部分高尔夫赛事转播权）。他的两难困境是这样的：一方面，代理方有义务为每个客户争取最好的价格；另一方面，我们与每个主要电视网都做过大量交易，与它们所有人保持良好关系是非常重要的。我的父亲通过确保各方都觉得自己受到公平对待并获得大部分它们想要的东西（即便它们不能得到所有想要的东西），以此在复杂的水域中航行。他向斯卡斯解释说，拿到第 9 频道持有的赛事转播权很困难或者是不可能的，但他现在能拿到的这些足以使第 7 频道统治高尔夫电视网。随后，他向第 9 频道解释，它们在某些高尔夫赛事上已经被第 7 频道踢出局，但它们还有机会在剩下的赛事上步步为营。由于第 7 频道一直蓄势待发，它们很快就验证了我父亲所言非虚。

最后，所有高尔夫赛事的电视转播费用和曝光率都得到了大幅提高。而且重要的是，现在有两家单位准备竞标未来的赛事，同时双方都愿意大力推广高尔夫运动。不要把我们所有的鸡蛋放在同一个篮子里，这是一个重要经验。

——布雷克·麦考梅克（Breck McCormack）

不要说不

我记得，马克从美国回来谈论起克利夫兰的一位管理人员布莱恩·罗根伯克（Brian Roggenburk）。布莱恩手下掌握着在费城、西雅图和芝加哥运营家居展和园艺展的一帮多元化的员工。布莱恩组织这些活动并拉来赞助。马克显然被打动了，并问我："我们为什么不在英国这么做？那里现在有些什么？"我回答，有汉普顿宫廷展（Hampton Court Show）和切尔西花卉展，差不多就是这些。他立即回复道："嗯，我们应该帮帮它们。"

所以四年来，我们都在敲皇家园艺协会的大门。起初，它非常不接受这个想法。皇家园艺协会主席解释，成员们对国际管理集团的介入感到不安。他们对我们所做的事情有一种天然的厌恶情绪，并对我们可能会提出的建议以及这也许会影响到他们的声誉感到紧张。我们解释说，他们没有必要感到不安，并强调皇家园艺协会的商业利益可以在不损害其形象的情况下实现。

马克时不时就会问我，我们该如何取得突破，而这个问题很快便有了答案。他在一次会议上向皇家园艺协会解释，为皇家活动争取到赞助并不是一件可怕的事。他指出温布尔登和全英草地网球俱乐部的成功案例，展示了我们与那些对赞助的想法持同样紧张情绪的人一起合作的能力。这种状态持续了四年，直到最后，并且纯粹是由于马克的坚持不懈，皇家园艺协会终于妥协。

第一位主要赞助商为皇家园艺协会带来了大量资金，使它们能够开展一项数百万英镑的项目——将伦敦文森特广场（Vincent Square）上世界上最大的园艺图书馆数字化。我们在切尔西花卉展的招待会以及在非常受欢迎的早餐会上为皇家园艺协会做了介绍。在早餐会上，人们可以尽早进入展厅，享用早餐并在向公众开放前观赏到花卉展。不要放弃有时看似毫无希望却最终会产出累累果实的谈判。我们收获了一个宝贵的新客户，而皇家园艺协会获得了可以帮助它们扩大活动影响力的新的收益流。

——杰里米·帕尔默–汤姆金森

诚实并开放

20 世纪 90 年代初，加拿大皇家高尔夫协会（RCGA）面临一个威胁到加拿大公开赛未来的困境。政府禁止卷烟公司赞助体育赛事的法令即将颁布。直到 1992 年，公开赛 90% 的资金都是从帝国烟草公司（Imperial Tobacco）获得的。这笔收入的损失将注定比赛的失败。

加拿大皇家高尔夫协会认为，正确的做法是说服帝国烟草公司，为了这项运动的利益并保护由它携手创造的资产，帝国烟草公司应该放松对赛事品牌推广的控制，同时继续赞助该项赛事，并允许协会逐步引进潜在的替代赞助商。加拿大皇家高尔夫协会推断，这会提高在三年内获得新冠名赞助商的可能性。加拿大皇家高尔夫协会提议聘请国际管理集团来执行这项策略。

问题是，作为国际管理集团加拿大分部的总经理，我将对此全权负责，但我从未真正打过高尔夫，尽管高尔夫是国际管理集团成功的基石。为了克服这个问题，我请马克召集加拿大皇家高尔夫协会董事会与我们的咨询团队一起开会。马克将亲自参加这次会议。加拿大皇家高尔夫协会同意了。

会议期间，我们极度依赖于马克的全球信任度，并且我们通过数据、调研和深思熟虑得出的策略作为后盾来解决加拿大皇家高尔夫协会的困境。最后，尽管我们付出了努力，但加拿大皇家高尔夫董事会主席——一位终身着迷于高尔夫的球手，端详着我并问道："迈克尔，为什么我们应该把公开赛的未来交给一个甚至都不打高尔夫的人领导的团队？"

马克让我来回答。我并没有试图挖掘我与高尔夫的某些联系，或者对这项运动一直以来隐藏的兴趣。我说："约翰，你已经多次参加我们举办的冰上之星（Stars on Ice）表演。"他点头微笑着。"虽然我打过不少冰球但我不能在冰面上表演跳跃三周半或者溜出一个'八'字，我敢肯定你不会对此感到惊讶……然而，我们举办了加拿大历史上最成功的花样滑冰巡回演出。"然后，我就换了个话题。

我们在下个月开始为加拿大皇家高尔夫协会工作，国际管理集团加拿大分部自此与公开赛建立了联系。

五年后，当我招募纳斯卡赛车（NASCAR）冠军杰夫·戈登（Jeff Gordon）时，我发现自己又处于类似的状况。我们说服杰夫考虑与国际管理集团签约，作为我们在新夏洛特北卡罗来纳州赛车公园练习赛（North Carolina Motorsports Park Practice）中的大客户。当在代托纳（Daytona）的会议即将结束（代理协议快要达成）时，我告诉杰夫："我很期待你明天观看我的第一场纳斯卡赛车比赛。"

"你的意思是你的第一场代托纳 500 英里赛？"他更正道。

"不，是我在任何地方的第一场赛车比赛。"我回复道。

他笑了，后来他承认他决定续约的一个原因是，任何在签约赛车手之前承认从未观看过比赛的人一定是一个非常诚实的家伙。再一次，诚实被证明是最佳策略。

——迈克尔·赖特

销售是一门生活技能

在我年轻时，当我第一次读《哈佛商学院不会教你的商业策略》时，我曾与当时担任国际管理集团加拿大分部总裁的埃利奥特·克尔（Elliott Kerr）开过会。我记得他告诉我，那些可以运营活动或者可以做市场营销的人多得数不清，但很少有人知道如何销售。而那些知道如何赚钱、省钱或擅用品牌营销的人会获得成功。马克谈到过说服的力量：你不一定是在卖赞助权或推广运动员，但根本上你总是在推销自己——你的想法和你的策略。你要鼓励其他人跟随你，为此，你需要知道如何销售，以及如何说服他人以实现你的个人和职业目标。

无论什么时候，当年轻的同事来找我寻求建议时，这就是我对他们说的第一件事：我建议他们去前台工作——卖门票和了解顾客，了解在第一线是什么感觉。这很关键。我不是天生的销售员，我对此也会感到不自在。直到今天，这也不是我的强项，但你必须学会如何去做。即使你从不销售小装饰品或赞助权，你也必须知道如何销售自己和你的想法，这是一种生活技能。

我认为，特别对于女性来说，这是至关重要的。当她们坐上头把交椅的时候，她们越来越令人敬畏。我对那些不像男人一样自信但能够主动出击的众多女性满怀崇敬之情。这正是销售的生活技能发挥其独特作用的时候。

——斯泰西·阿拉斯特

第五章

梦想成真

> 销售的艺术是我们在无意识的情况下了解到的很多事物的有意识的实践。

至此，你已经完成了准备工作，并收获到一个适合你的谈判方式。现在，你必须实践它。本章为你提供一些实用的常理性策略以助你成功。在这里，你可以找到经典谈判技巧案例，比如适度承诺、超值服务、如何克服异议以及什么时候需要保持镇定等。

美国职业橄榄球联盟的格里菲思（Griffiths）以一个很好的定位示例做开场，通过将讨论内容重新聚焦到发展上而不是陷入僵局，使一场潜在冲突的会议峰回路转——延伸了我们所期待的经典的双赢局面。以这种方式控制议程总是有利的。经典的马克·麦考梅克小窍门——主动拨打一个电话而不是成为接听方是采取主动的另一种方式，这是莱斯利·麦考梅克·加蒂用以达到对自己有利形势的一个技巧。

正如美国橄榄球联盟的鲍勃·莱瑟姆所述，马克·麦考梅克倡导的**"到场"即可带来突破**。马克对主要决策者的拉拢和帮助，影响了国际奥委会（IOC）关于2016年奥运会是否纳入七人制橄榄球赛事的决定。有时候，你只需要参加一个面对面的会谈即可。

体现你所推销的东西的价值总是很棘手。**将价格排除在综合关系之外可能是达成交易的有力策略**。彼得·道森和伊恩·托德都展示了从不提供报价以及令对方难为情的原则的价值。马克·麦考梅克的儿子布雷克·麦考梅克记得他的父亲常常建议对方应该支付他们认为这笔交易值得的价格——最终可能导致一无所获。但通过消除任何基于价格的阻力，谈判的形势将变得明朗——双方都能够专注于正在讨论的事项的真正价值（或其他方面）。

数字绝不应该是谈判的唯一焦点，基于你提供的产品、你的谈判伙伴以及围绕交易的具体情形，还有很多其他因素影响着谈判的进程。不过，有两点很明确。首先，**低估你自己和你的产品只会有损你的形象**。正如加文·福布斯所说的，如果你对自己提供的产品有信心，那么你应该保持镇定。其次，**不要因为你可以，就过高要价**。贪婪从来没有吸引力，并且无疑将损害长期合作的潜力。

《哈佛商学院不会教你的商业策略》前两章都致力于沉默的力量以及销售和谈判中时机的重要性，这两个主题都被《超越哈佛——麦考梅克不同凡响的商业智慧》的供稿者们学会了。大多数人对沉默感到不舒服，倾向于用说话来填补空白。马克·麦考梅克强烈建议反对这一点，主张把沉默的策略作为重要的谈判工具。正如杰里米·帕尔默-汤姆金森提醒我们的，**你是通过倾听而不是说话来学习的**。沉默允许对方说话，并常常会促使他们向你透露出一些对你有利的讯息；当交易达成或信息交付时，请对此保密并保持平常心。

任何谈判都必须考虑时机和耐心。我们需要“阅读情绪”——**在时机成熟时做出判断**。即便像马克·麦考梅克这样经验丰富的专业人士也可能出错。威廉与玛丽学院前校长蒂姆·沙利文告诉了我们关于马克·麦考梅克曾经在大学接待处会见玛格丽特·撒切尔的尴尬场景。莱斯利·麦考梅克·加蒂对国际管理集团与莎莉集团（Sara Lee）之间的关系的重视显示了**长期交易中耐心的力量**。人们行事往往按照自己的节奏进行，你可能需要调整你的时机与其保持步调一致。

从接下来的策略中我们还能学到很多东西。

懂得如何避免冲突

在我与马克最早的一次会议中，我被上了一堂关于如何化解潜在对抗形势的大师班课程。与会者是来自体育联合会的一位重要客户。我们与联合会有着为它们代理赞助权的长期合同。为了赢得代理权，我们出价相当高，并在头几年有所亏损。然后，人们对联合会的体育项目突然变得狂热了。我们正在收回我们的损失，而且形势变得非常乐观。然而，体育联合会认为，现在这种形势使合同变得不公平，并且召开会议讨论修改合同条款。

起初，是典型的对抗性座次安排，我们坐在桌子的一边，联合会的代表坐在桌子的另一边。然后，马克加入了会议，并坐在桌子的一头。这是出色的身体语言——他准备好做两派之间的仲裁者，而不是和我们坐在一起。

随后，他掌控了局面，并将他的开场辞分为三个阶段。首先，他奉承地说，它们是多么优秀的客户，以及我们多么珍视与它们的关系，并希望为了我们的共同利益而强化这项运动及它们的权利。然后，他停顿了一下，说这种情形对它们来说与卖房子很类似。在它们卖掉房子时，我们已经协商好一个双方都认为公平的价格。如果因为房子的价格上涨，它们再回头说它们想要更多的价钱似乎并不合适。同样，如果房子的价格下跌，我们回头说我们想少付钱似乎也不合适。

有了这个观点，他接着说，我们理解它们的立场，但或许我们可以再做些什么来帮助它们。不是为了这份合同而争执，而是我们可以做点别的什么，以及我们能否在其他领域代表它们为它们创造更多收益。

马克奉承了、斥责了，然后寻求了共同的解决方案。我们再没有陷入对合同的争执中。马克提出的解决方案成为我们谈判的标杆，这次会议在积极的气氛中结束。马克对自己定位的方式使一场火药味十足的会议变得双赢。

——彼得·格里菲思

预定电话时间作为突破口

在我们的成长过程中，我们总是知道父亲什么时候会打电话回家，因为打电话的时间已经被排定。他会提前（在专门的 3×5 索引卡片上）准备好他的“和莱斯利谈话”清单，当谈话开始时你甚至能够感觉到他在他的清单上勾选这些项目。我们很少进行自发性的聊天。电话不仅被安排在特定的时间，而且也被计划好了结束时间——至少在他的脑海里。他（或他的助手）提前安排好他的电话议程，他总是会按照议程打电话。我的父亲在很久以前就认定，如果你发起一通电话，就要把你的想法集中起来，控制通话时间，并且密切专注你这一整天的日程安排，那么你就会变得从容很多。

当通话时间比我预料的要短得多时，对我来说是一个极大的打击，特别是作为一个年轻女孩。即使作为一个成年人，我还记得曾经因为他的生日给他打了电话（在我自己的两场会议和一乘航班的间隙里），仅仅被告知他无法跟我说话！

然而，安排通话的想法总是伴随着我，并且确实在一次谈判中证实了这种做法的价值。

2003 年，国际管理集团与好几家代理机构竞争，为赢得通用电气公司（General Electric）有史以来第一份全球性奥运赞助协议。全国广播公司是通用电气的主要资产之一，可以说是奥运会中最重要和最有影响力的参与者之一。但是，通用电气需要一个有经验的机构来帮助它们制订一个有创意的营销计划，使它们可以在希腊一举成名。

国际管理集团不仅渴望拿下这笔订单，还投入了大量财力和经验丰富的人力资源加入我们的阵营。几个月后，团队横穿大西洋筹备、定位并向通用电气的营销团队做了陈述。我们取得了良好的进展，但是尽管我们得到积极的反馈，通用电气却继续故意拖延。

由于我们的谈判停滞不前，并且每次策划都涉及巨额的年度咨询费，我决定运用一条我非常熟悉的麦考梅克式实践智慧。我在 2002 年与我父亲一起参加过在洛桑举办的世界体育论坛（World Sports Forum），他向我引荐了全国广播公司体育及奥运会部门的主席迪克·埃伯索尔。关键是，由于全国广播公司属于通用电气，而通用电气希望全国广播公司能够为奥运会的一切事项提供指导。我打赌迪克可以从一年前那次简短的照面中想起我。我打电话给他的助手，安排好与他谈话的时间。当我在指定日期的指定时间打电话到他的办公室时，迪克甚至没有跟我说“你好”。相反，他以“全世界唯一的另一位曾经与我预定过电话时间的人是你的父亲。我怎么帮助你？”来招呼我。我简单地总结了我们与通用电气的现状，解释了与通用电气的这单生意对我们的重要性，并直接问他是否可以为国际管理集团美言几句。我们的电话可能持续了“麦考梅克式三分钟”。但多亏了这通电话，我们拿下了这笔订单，以及结识了我们第一位全球性的奥运会咨询客户。通过提前安排并重视一通预定电话，情况会大不相同。

——莱斯利·麦考梅克·加蒂

与位高权重者谈判

很多时候，与我谈判的人会想见见我的老板，因为毕竟他才是签支票的人。我可能会代表 HBO 为职业拳击赛的转播进行谈判，但 HBO 终究不是我自己的公司，那些钱也不是我个人的钱，我只被告知有一笔预算。有些人认为，如果一笔交易价值数百万美元，那么他们就会想见老板。马克从来都不是这样。他足够精明，他知道我的董事长会在任何我采取用来保障温网权益的措施上支持我，他没有必要通过会见我的老板彰显自我，因为我的老板只会强化我已经采取的态度。事实上，这会浪费他的时间，而时间是他非常用心衡量的稀缺资源。马克相信我能代表 HBO——如果我说 HBO 会支付 X，那么 HBO 电视网就会支付 X 并且会履行交易。因此，我非常尊敬他。他信任我所说的话，这让温网版权的谈判变得非常坦率并且极其简单。

——塞思·亚伯拉罕

到场的力量

《哈佛商学院不会教你的商业策略》多年来引起我共鸣的一个章节的标题为“到场”。伍迪·艾伦曾经说过，“成功的 80% 在于到场”。马克可能没有把这个比例提到很高，但他认可了亲自参加会议的价值。

多年来，我一直参与将七人制橄榄球纳入奥运会的工作，这是一项更具挑战性的销售工作。世界上部分地区缺乏悠久的橄榄球历史，其中之一就是拉美国家。很长一段时间，我们试图与位于墨西哥城的泛美体育组织（Pan American Sports Organization）的总裁马里奥·瓦斯盖兹·拉纳（Mario Vazquez Rana）——也是一位奥运会领军人物——进行一次会面。我们希望他支持将橄榄球纳入泛美运动会（Pan Am Games），作为橄榄球进军奥运会的第一步。我们花了大约一年的时间去突破。有一天，我们得到了一个关于一周后的通知，他在下周一有空。来自世界各地的我们一行五人降落在墨西哥城。“难度很大吗？”“是的”。“至关重要吗？”“是的”。这是一个非常亲切友好的会面，瓦斯盖兹·拉纳提出问题并给了我们比已分配好的时间更多的时间（更不用说一瓶自己私人收藏的龙舌兰酒）。这为我们的努力带来了极大的鼓舞。

结果是，瓦斯盖兹·拉纳加速推动了七人制橄榄球赛成为泛美运动会比赛项目的进程，并且该赛事也迅速进入了中美洲和加勒比运动会（Central American and Caribbean Games）。同样重要的是，其他拉美国家的国家奥委会，如多米尼加共和国和古巴，开始对橄榄球产生兴趣。在墨西哥城的露面创造了这种势头，在世界其他地方露面也是同样的道理——并不关乎某项特别明确的任务，而在于尝试去建立关系并将七人制橄榄球赛事推荐给任何我们能发现的观众。当国际奥委会在2009年投票决定在2016年奥运会中增加哪些体育项目时，赞成接纳七人制橄榄球与反对接纳的投票结果为81：8。

——鲍勃·莱瑟姆

令对方难为情

当我在皇家古典高尔夫俱乐部任职时，我想要解决的第一件事就是我们与国际管理集团之间的佣金率问题。根据工作类型或工作执行的地理区域，我们有不同的费率，有时这会导致冲突。我向马克提出了这个问题，他并没有为现状辩护或建议一个费率，而是说："好的，你来告诉我你认为怎样是公平的。"

这是一个非常聪明的举动。他猜测我不会提出一些荒谬的建议，也知道他会得到一个更满意的客户。这是双赢。每次我质疑我们之间的财务协议时，他都会说同样的话。他会把责任推到我身上，这样我就不得不拿出一个对双方都合乎情理且说得通的提案。这让我达到了直接说"我能让你知道我认为怎样是公平的吗，马克？"的地步。

对我会提出一个合理、公平的协议的信心，被当时皇家古典高尔夫俱乐部与国际管理集团之间没有正式的书面合同这一事实所强化。我们本可以在任何时候和在不发出通知的情况下离开国际管理集团，但是我们的关系竟如此令人不可思议。

——彼得·道森

要求报价

马克的谈判方式是让人们报价。 如果我们有一位年轻的打网球的新客户，那么我们会去找耐克，并要求它们为球员的代言费用而报价。我们的主要目的就是要让它们在桌上放下一个数字（它们的报价）。当我们在接触下一家公司时，我们可以以此为基础。然后，我们会去找锐步（Reebok），并要求它们提出一个比我们已有的价格更好的数字。如果一切都按计划进行，那么我们可以拿着来自锐步的更高报价回去找耐克，并要求它们提高最初的报价。这是一个非常奏效的战术。

当我离开国际管理集团去耐克时，我告诉它们不要玩这个游戏。我嘱咐它们首先咨询球员的经纪人他们想要多少，而不会直接抛出一个报价。国际管理集团应该提出一个我们接受或拒绝的数字，它们不会从我们这里听到一个数字。

不久之前，我接到马克的电话。“伊恩，”他说，“你把我们完全搞糊涂了！”

——伊恩·托德

将价格排除在综合关系之外

人们想到我的父亲，能记得来自他的一个策略就是，告诉与他谈判的人接受我们提供的服务，之后再付给我们他们认为的合理的价格。他会告诉他们，他们如果乐意，甚至可以不付钱。

说来也奇怪，我不记得有任何人接受了他的这项提议的情况，但如果这一策略没有影响销售的收尾，那它一定使得谈判的形势变得更加明朗——基于价格的任何阻力立即被移除了。它有助于揭示谈判双方对正在被商讨的机会和谈判的价格是否真正感兴趣，或者也许它不管在任何价格上都不能引起兴趣。如果一个想法无论价格多低都不能引起兴趣，那么就是时候换个话题并把关注点放到双方都感兴趣的其他方面。

——布雷克·麦考梅克

不要低估自己

在国际管理集团的职业生涯早期，我是皮特·桑普拉斯的代理人。他是一位富有潜力的年轻球员。皮特有一位顾问，他也清楚地看到了这一点，并且坚持不懈地要求其他机构提供更低的佣金率，而皮特的佣金率应该更低。皮特适时地找到我，建议我们给他的佣金率要低于我们给世界排名第一的球员的佣金率。我打电话给马克和马克的高层人物之一鲍勃·卡因，他们都说这不是他们做生意的方式。马克的类比是，如果你购买一辆奔驰汽车，那么你会预料到比买一辆福特汽车花更多的钱，因为你买的是更优质的产品。他将国际管理集团视为管理界的奔驰。我们拥有无可匹敌的办公网络和全球基础设施，我们可以为客户提供最佳的商业服务和个人服务。这些服务与活动管理和电视播报相结合，这意味着客户赚取的金额减去佣金后的净收入要高于他们通过与我们的任何竞争对手签约获得的收入（因为那些竞争对手的全球资源只有我们的十分之一）。

我向皮特解释了马克的理论，但他不服气，并且离开我去了提供更低佣金率的机构。我对此非常沮丧，觉得我们失去了一个大好机会。失去一个客户对于公司来说可能是毁灭性的，并且对你个人来说也是这样。不久之后，他赢得了美国网球公开赛的冠军，我能想到的只有“啊，本来就该如此”。

但马克告诉我不要对此担心，问题会解决的。他非常支持我，反复重申我应该把目光放长远一点，事情最后会好起来的。果然，皮特在几个月后打电话给我，承认他犯了一个错误，事情没有按照他预想的方式发展。在与另一家机构签订的三年合同到期后，他以相似的条件回归国际管理集团，那时他已经成为世界第一了。如果你的产品足够好，并且你对它有信心，那就没有必要低估自己。

——加文·福布斯

不要因为你可以就要价过高

当你与某人开始谈判时，不要在匆忙中进行。排练陈述中的每个要素，掌握所有情况，并提前决定一个好价格。而好价格并不是最多的美元，买家必须能够从桌边离开时对协议感到满意。

在新的付费电视频道开播的同时，施特菲·格拉夫和鲍里斯·贝克尔（Boris Becker）在德国吸引了人们对网球的极大关注。温网的欧洲电视版权被欧洲广播联盟（EBU）持有，它主要由一批政府所有的公共广播公司组成。马克察觉到主办方全英草地网球俱乐部已经准备好做出改变，这对温网来说将是一个很大的突破。他对于购买欧洲电视版权，马克的首选方案是德国贝塔斯曼传媒集团（BMG）——它们非常热衷于参与并最大限度地发挥格拉夫和贝克尔的影响力以及它们新电视频道的潜力。

马克让贝塔斯曼传媒集团向全英草地网球俱乐部发起了一次潜在投标，这次投标意味着全英草地网球俱乐部的收入将大幅增长，而高额的报价也恰恰反映了德国国内对温网持续增长的兴趣。在与俱乐部委员会进行最后一次会面之前，马克已经在预备会上提醒了俱乐部的每个人都应该拥护贝塔斯曼传媒集团，并且做了相应的排练。在最后一次会议开始时，全英草地网球俱乐部坐在一边，贝塔斯曼传媒集团在另一边，而国际传媒集团的人穿插其中，这样一来我们似乎就没有偏袒任何一方。他已经事先安排好我们每个人的任务。他几乎不说话以确保他的公正，他仅仅是个调停者。

在成功交易之外，贝塔斯曼传媒集团肯定成了一位朋友。它明白，如果没有马克的帮助，它甚至不会出现在温网的会议桌上。借助格拉夫和贝克尔时代的浪潮，俱乐部很高兴，因为它在欧洲电视版权上获得了先前收益的四倍。相应地，贝塔斯曼传媒集团也很满意，因为它们支付的是一个合理的价格，而不是一个强加于它们的过度膨胀的价格。因此，它们成为一系列产品的购买方，即使格拉夫和贝克尔退役了，贝塔斯曼传媒集团对温网的兴趣减弱了。我们的目录中有上千种不同的产品，如果与我们在温网上做的这笔生意不是一次愉快的经历，那么对于这些产品，贝塔斯曼传媒集团既不会了解也不想了解。

马克认为，如果人们相信他们是以一个合理的价格购买产品的，那么他们会成为乐意与你屡次做生意的朋友。如果他们觉得超额支付了，那么下一次他们可能会让生意变得非常艰难。通过贝塔斯曼传媒集团和许多其他的例子，马克的这个想法被证明是正确的。

——巴兹·霍内特

适度承诺和超值服务

当你坐在一位客户或潜在客户面前时，你面对诱惑可能会答应他们提出的任何要求。马克总是劝诫并反对这种方式。正确的做法应该是确保你能够交付你所提供的东西。这样，你就有更大的机会发展一种长远关系，并从这种关系中获益，而不是失去它并想方设法地寻找替代品。

在一个更具竞争性的世界中维持一种长远关系很难做到，但它的意义重大。现在有大量的代理机构，并且很多志向远大的新代理商愿意做任何事情来拿下这笔生意。你必须在不对你自己所能提供的内容过度轻描淡写以至他们被虚假的承诺吸引走，以及不对荒唐的内容做出承诺之间找到平衡。我们与皇家古典高尔夫俱乐部、欧洲巡回赛、温网和劳力士建立了长期合作关系的方式是通过实现我们的承诺以及不过度承诺而达成的。我们与汇丰银行（HSBC）紧密合作，并已合作多年。长期参与不同项目对品牌来说并不多见，这只会出现在你正在兑现并且你只能兑现你所设定的切合实际的承诺时。

——盖伊·金宁斯

打经验牌

随着国际管理集团的发展，持续指向我们的批评是，我们无法满足客户的最佳利益诉求，因为我们有太多的利益冲突。我们代表谈判交易双方的情况屡见不鲜，或者我们太庞大了，要忙的事情太多。潜在客户会说，他们最好还是去一个能够纯粹关注自己利益的小型机构。

我对从别人那里听到并且自己也接受的批评的回应是，打经验牌。我会说，如果你有心脏问题而且你对此很担心，那么你在出行时务必带上一名心脏病专家——他可以监测你的心率，为你提供新的处方药并做定期检查。但当你发现你需要动手术时，你会求助于谁？不是那个人，而是一位在做手术方面有着丰富经验的外科医生，一个让你感到安全并且有公认业绩的人。这是一个有力的比喻，并且产生了重要影响。如果你有适当的经验，那么你应该利用它来获得竞争优势。

——阿拉斯泰尔·约翰斯顿

沉默的力量

我从《哈佛商学院不会教你的商业策略》中学到的东西之一是谈判中沉默的力量。如今当我与客户、运动员甚至我的员工进行谈判时，这是出现在我的脑海中的第一件事。对房间里的沉默感到不适是我的天性。很多人都有同样的感受，最终会说些什么来表达友好或填补空白，这就会减损他们试图达成的目的。这也意味着他们在准备泄气或开始让分之前就可能已经这样做了。

我现在已经领会到沉默在不同场景下的价值。我曾与我的一名下属就降职问题进行过一次艰难的谈话。我表达了我的观点并结束了讨论。她反馈给我的第一条评论是，我很好地掌控了这场谈话。当我问她为什么这么想的时候，她说："你非常坦率，你对于我们处于这种境地的原因给出了你的看法，然后你就不再说话了。"

没有人会想经历我与那名员工的对话。人们倾向于在尴尬的沉默中以说话来缓解争执。但是，如果你一直保持沉默，那么你希望达成的真正目的就会变得模糊，与你交谈之人便摸不着头脑。这可能会使谈话更加尴尬和耗时。坦率地说出己方意见，然后保持沉默，对方会不胜感激。

——萨丽琳·简穆罕默德（Zaileen Janmohamed）

通过倾听而不是说话学习

没有人喜欢喋喋不休的人，即使这位喋喋不休的人拥有世界上最能说会道的嘴巴。在很多情况下，马克却非常喜欢这样的一位。如果你参加了一个大话连篇的会议，那么这自然会在你和你想要合作的人之间产生障碍。如果你仔细倾听，那么你会受益匪浅。马克将这一技能发挥得淋漓尽致。他会通过花时间阅读每一处情况，让自己抓住有可能的最好机会来评估一个会议或会议上的客户。

这从他的低调作风上可见一斑。马克没有架子，他不希望自己身上附有任何有损于客户的浮夸招摇或架势。他并不想也不需要被视为一位拥有巨大成功的人，他不痴迷于浮夸的场面或客套。他总是一样的穿着打扮，非常传统，平淡无奇。当轮到他说话的时候，他不希望人们将注意力放在他身上，而是将注意力放在他所说的话上。

——杰里米·帕尔默-汤姆金森

化解俏皮话以及如何使用俏皮话

来自南非的成功商人乔治·布隆伯格（George Blumberg）是在20世纪60年代将我父亲引荐给加里·普莱耶的人。一天晚上，乔治和他的妻子布伦达（Brenda）来到我们家，与一位著名的欧洲商人在巴黎共进晚餐。我父亲有意与这位商人做生意。虽然乔治是一位不同凡响的人物，但是他显得比平常更加安静，而我们晚餐的客人主导了整场谈话。考虑到国际管理集团潜在的业务前景，我的父亲尽职尽责地被他的笑话逗得开怀大笑，并用自己的提问激励着他。而这位客人从来没有对餐桌上的任何人提过问题作为回敬。

当晚餐结束时，我们走到路边叫了出租车，并道别。在我们的客人钻进他的出租车之前，他走到乔治身边说："晚安。很高兴和你交谈。"乔治眼睛都没眨一下就给出了他的回复："是的，很高心听你说话。"

这是乔治在一小时里说出的第一句话，这句话显然留下了深刻的意味。那天晚上，我们的欧洲客人第一次因为说话而失落。我记得之后与我父亲谈到这件事，并表示我从这次事件中学到了两个经验：首先，你需要理解每种情形下的关系动态，你绝不能丢掉你内心的正直和得体的礼节；其次，精心设计的语句可能比滔滔不绝或长篇独白更具影响力。几十年后，我不记得那天晚上我们的客人说的任何一件事，但我从未忘记乔治在巴黎街角的完美反击。

——托德·麦考梅克

如何克服异议

我在威廉与玛丽学院担任校长期间，马克（一位校友）主持的募捐活动筹集到 1.53 亿美元，这在我们的发展中是一笔不菲的资金和非常重要的一步。有一次，我们正在为体育设施筹集资金，遇到了一位特别难相处的捐赠者，他对我们希望他做的事情没有兴趣。

马克让我们举办一场与这名捐赠者沟通的会议，然后坚持要详细介绍项目情况，并解释了这次捐赠对于捐赠者的重要性。在这次会议上，马克仔细聆听了捐赠者的意见，在相对较短的时间内，马克发现了他顾虑的根源，以及妨碍到他的原因。通过聆听和关注人们的意见，马克能够洞悉他们的性格，并利用他们的性格来获取有可能的最佳结果。这位捐赠者给了马克一份包括两到三个顾虑的清单。马克回答："我要把你的这些顾虑写下来，我会让相关人员直接与你取得联系。"他还指明，他本人已经为学院的麦考梅克·内格尔森网球设施做出了数百万美元的捐赠承诺，这给予了捐赠者信心，打消了他的顾虑。

第二天，马克的同事打来电话，就这些问题进行了详细讨论。在这之后，马克一直保持跟进，不屈不挠。这种不屈不挠是值得回报的。调查研究、努力聆听、反应速度加上以身作则，意味着他得到了"好"这个回答并且达成了交易。

——蒂姆·沙利文

保持镇定

在马克最初与温网主办方和皇家古典高尔夫俱乐部合作时，我们在欧洲是没有电视版权费的。在我们与欧洲广播联盟（EBU）进行版权谈判时，它支付的费用仅仅相当于美国国家广播公司所支付费用的一小部分。令我惊讶的是，马克告诉我，在下一届温网电视版权的竞标中，我们从欧洲广播联盟获得的版权费将显著增长。欧洲广播联盟要求在法国网球公开赛期间与我们在罗兰·加洛斯会面——就在温网前一个月。我觉得我从未见过马克如此紧张，但他的眼神很坚定。他认为，欧洲广播联盟正在利用其主导地位对他进行威胁——如果在温网上不达成令它满意的价格，那么它将绝不再从国际管理集团购买电视版权。在天空电视台和其他广播公司进入竞技场之前的那些日子里，欧洲广播联盟就是一个相信它有权定价的卡特尔。

我们走进房间，面对着 12 名面无表情的男人，他们是来自欧洲广播联盟国家的主要代表。马克看着他们，直截了当地说："我不喜欢被威胁。如果不从我们这里购买版权，那么你们无疑也会生存得很好，而我们很可能会为了生存和发展而拼搏，但我不接受威胁。"会议持续了大约两分钟。

不到两周后的第二次尝试发生在纽约，并且同样很短。欧洲广播联盟的代表下飞机后直接来到国际管理集团的办公室。那是一个雨天，就在马克对他认为低到荒唐的报价感到憎恶并请他们离开时，他们刚刚脱下雨衣正准备点一些茶水和咖啡。

一方面，马克有温网，对他来说，没有欧洲电视报道的想法将是毁灭性的；另一方面，他有欧洲广播联盟，理论上来说这是国际管理集团最大的客户之一。如果这笔交易没有成功，那将造成令人难以置信的损失。然而，马克非常强烈地感觉到欧洲广播联盟一直在利用这一形势——认为他已经做好了令公司冒险并承受损失的准备。他有勇气坚定自己的信念，他相信欧洲广播联盟将不得不改变它的想法。并且它确实改变了。在温网前夕，我们终于和欧洲广播联盟达成了交易。看到并深刻认识到保持镇定的力量是令人着迷的。

——伊恩·托德

把握好你的时机

为了达成一笔满意的商务交易，时机对双方来说都至关重要。不幸的是，对于马克来说，情况并非如此，有时候他可能会由着自己的性子来。

撒切尔夫人曾连续七年担任威廉与玛丽学院的名誉校长。这是一个荣誉职位，在重大会议和招待会上代表学院。在这些会议和招待会上，我们可以向重要的以及有影响力的人物宣扬学校形象。我们曾以撒切尔夫人的名义在国际管理集团的纽约办公室举办过一次这样的招待会，那是在一座宏伟的 19 世纪别墅里。

招待会的流程是，撒切尔夫人首先发言，然后作为活动的中心人物被介绍给不同的人。马克对我说，他想和她在私下聊聊。我问他为什么，他只是重复了这个请求。我们便着手为他做了安排。

招待会开始了，他们二人在分配好的时间内进入一间房间，一起消失了。当撒切尔夫人再次出现时，我可以从她的眼神里看出有什么事情令她感到惊讶。她对我说："那个人太神奇了，他想和我做生意。"她补充道："但我认为我还没有做好准备。"对于一个从未谋面的男人试图在招待会期间与她做成一笔生意，她感到既困惑又好笑。

——蒂姆·沙利文

不要在学会走之前就学着跑

我父亲的一个经久不衰的经验就是保持耐心。当你在建立一段人际关系时，要明白，即使你能够看到各方都能从中受益，有时候也不要急于求成。要有耐心，从最小的一步开始，这样你才能走得更远。

20 世纪 90 年代中期，国际管理集团签下了来自比利时的年轻网球选手贾斯廷·赫宁（Justine Henin）。大约在同一时间，我们被引荐给莎莉集团欧洲公司的董事长弗兰克·梅思曼（Frank Meysman）。弗兰克痴迷于网球运动，他发现赞助女子网球比赛将有利可图。莎莉集团的很多食品以及家庭用品对女性很有吸引力，他立刻就看到了巨大市场的潜力。

虽然莎莉集团是一个财力雄厚的跨国公司，但很明显，如果急于采用容易但昂贵的选择，如签下世界排名第一的选手马丁娜·辛吉斯（Martina Hingis）做代言，那将是错误的第一步。相反，同样来自比利时的弗兰克同意莎莉集团会承担贾斯廷的年度预算，为她提供急需的财务支持。这次赌博是值得的。年仅 15 岁的贾斯廷，首次佩戴着莎莉集团的品牌印花，在 1997 年赢得了罗兰·加洛斯少女赛的冠军。

随着国际管理集团与莎莉集团关系的发展，弗兰克变得越来越沉醉于女子网球赛事。他认识到，女子网球协会巡回赛及其特色有助于它们扩大鲜为人知的桑尼克斯（Sanex）系列身体护理产品的知名度。在贾斯廷巴黎夺冠之后，同样的生意模式被复制到其他球员身上，莎莉集团创建了桑尼克斯团队。

接下来，国际管理集团争取到女子网球协会巡回赛中二级联赛的代理权，并将比赛地安排在比利时。虽然那是一项级别较低的赛事，但我们让桑尼克斯杯（Sanex Trophy）看起来与大满贯一样重要。总的来说，那次联赛就是莎莉集团所有产品的玻璃展示柜台。桑尼克斯是冠名赞助商，但国际管理集团力所能及地推广了莎莉集团的其他品牌。

这就到了迈出重大一步的时候了。国际管理集团代理女子网球协会多年，并且一直致力于出售其冠名赞助权。我们认为莎莉集团是非常合适的赞助商，但尽管弗兰克热情高涨，如果试图让他在一开始就匆忙允诺对女子网球协会巡回赛数百万美元的赞助，那么可能会一无所获。在他和推广赞助的负责人真正见识到一场桑尼克斯网球赛大获成功的样子之前，是很难推进这场对话的。当弗兰克到达桑尼克斯杯现场并在赛场每个地方都看到他的品牌时，他便茅塞顿开了。我们在不久之后就对女子网球协会的赞助权进行了讨论。

弗兰克对后来成为世界排名第一的贾斯廷·赫宁的小额赞助，逐步发展为价值 8 000 万美元的女子网球协会巡回赛的赞助——在当时女子体育史上额度最大的赞助协议。有些时候这是一个令人烦恼的缓慢过程，但最终，通过不急于求成以及在这段关系中投入时间，我们获得了客户的信任，并帮助莎莉集团使桑尼克斯在远远超出了一开始预期的交易规模中一举成名。

——莱斯利·麦考梅克·加蒂

第六章

打破常规思维

运用实践智慧抵达你的目的地，最好是通过最短的路线，即使这意味着要跳过一些栅栏或穿过几条暗巷。

谈判是一门艺术而不是一门科学。本章将展示创造性思考和打破常规思维是如何创造另一个马克·麦考梅克式“优势”的。

当马克·麦考梅克联系索尼集团的森田正明（Masaaki Morita）合作时，坚持和创造力二者携手并进。好几个想法都不太靠谱，直到一个睿智的新想法直击要害，索尼世界高尔夫排名（Sony World Golf Rankings）就此诞生了，这开启了一段长期的职业关系。对于森田先生来说，这一关系的基础是“对于我们的立场的理解和马克创造新概念的能力”。**能够运用你对潜在客户的了解建立一个与众不同的、新颖的或独特的提案**是一项能收获回报的技能。

一个创新的方法终于帮助了温网主办方与马克对商品推销和授权许可的主张达成一致。在日本进行商品买卖——远离传统的英国网球大本营，展示了在出售产品上的经济回报和其他附带的回报，并为围绕温网品牌带来全新思维铺平了道路。

灵活性也可以成为一项睿智的谈判策略。肖恩·麦克马纳斯回忆了一堂经典的马克·麦考梅克大师级课程。他讲述了当国际管理集团在其地盘上面对新的竞争对手时，它是何时以及如何在这种情形下周旋的。事实证明，合作才是解决方案，而不是对抗，但这是以国际管理集团更加稳固的市场地位为前提的。当你创造性地看待问题时，即使看似直截了当的谈判也可以发生改变。

当谈判陷入僵局时，创造力也会发挥作用。**采取新颖的或不同的方法往往可以创造奇迹**。多年来，国际女子网球协会一直在与温网委员会沟通，为女性争取平等奖金。当时，国际女子网球协会的首席执行官拉里·斯科特（Larry Scott）做出判断，他认为邀请维纳斯·威廉斯（Venus Williams）代表国际女子网球协会发言可能有助于推进这项工作。事实确实如此，赢得多个大满贯冠军的女子网球选手对奖金感到失望的发言扭转了局面。如果你花时间去了解并理解与你谈判之人，那么你可以在时机正确时**利用“大使”支持你的观点**。请记住，人们喜欢与处于游戏顶端的人做交易。

迪克·奥尔福德同样提醒我们，一个公正的解决方案可以打破僵局，当马克·麦考梅克想要提高香港的温网电视版权的价格时，杰恩·艾本（Jayne Eiben）的年轻率真成为国际管理集团的一笔财富。唐纳德·德尔（Donald Dell）赞扬**实用主义和常理的力量**。任何谈判的目的都是要达成一项对彼此有利的协议。不要在技术或合法性方面寻求庇护，避免进行不必要的较量和使用煽动性的语言，因为投机取巧总会适得其反。

需求乃发明之母。财务压力引发了对每年参加温网的国际管理集团大型团队住宿安排的重新考量。租用一个“国际管理集团房屋”（现在是多个房屋）的解决方案很快就不仅仅是一种节省成本的做法。正如国际管理集团的卡罗琳·沃德告诉我们的，在关注成本控制方面，他鼓励公司与供应商以物易物、提供品牌曝光机会或赞助，以换取公司所需的服务。

这就是那种可以帮助你在生意上取得进展的非常规思维。

找到独一无二的提案

当我第一次见到马克时，我是索尼的一名管理人员。他来到我在东京的办公室，为我们如何开展业务带来了一些建议。

他的第一个想法是，我们也许可以在日本赞助一场高尔夫球赛。由于其他的日本公司已经开始赞助高尔夫球赛了，所以我立即否定了这个想法。我向他解释说，索尼只会对独一无二的提案感兴趣。

随后，他建议赞助诺贝尔奖颁奖典礼和获奖者演讲的视频版权。我再一次拒绝了。

他最后的建议是赞助教皇世界巡回访问的录像权。我说大多数日本人都是佛教徒。那时，我认为我和他的第一次见面很可能是我们的最后一次见面。但几个月后，他回到日本，邀请我共进晚餐。只要我们不讨论任何商业计划，我就会赴约。我们都非常享受这个晚上，这成了一个常规活动。

在历经几年的一起外出用餐和网球比赛后，马克提道，世界上没有高尔夫排名体系，索尼能否考虑帮助他建立一个？我说，这绝对是一个独一无二的想法，如果这个排名体系能被索尼冠名，那么索尼会很感兴趣。就这样，索尼世界高尔夫排名诞生了，接着是索尼人寿杯网球赛（Sony Life Cup Tennis Match）。

在我担任索尼人寿保险公司（Sony Life Insurance）董事长、总裁兼首席执行官时，马克准确地捕捉到日本的女子网球实力正变得越来越强，并且人们对女子网球比赛的兴趣日益增长，于是他提出办一个日本与美国对战的女子网球比赛。我再次同意了，因为日本的全女子网球赛将是独一无二的。日本与美国的索尼生命杯网球赛在三年内于日本举办了三次，并且每次都取得了巨大的成功。

马克每年都会邀请我和我的妻子参加法网、温网和美国网球公开赛。当我在中央球场（Centre Court）观看比赛时，我想知道为什么赛场上从来没有过日本球员。因此，在我2000年从索尼集团退休后，我建立了森田正明网球基金会（Masaaki Morita Tennis Fund）。我的目标是资助日本青少年网球选手，我希望有一天会看到他们中的一个在温布尔登的中央球场打球。

我想挑选出独具个性和潜力的日本年轻球员，并将他们送到国外最好的训练营训练。然而，我对网球训练营一无所知。我给马克打电话说明了我的想法，并寻求他的建议。马克说，国际管理集团最近接管了世界上最好的网球训练营——尼克·波力泰利尼网球学院（Nick Bollettieri Tennis Academy，现在是国际管理集团学院）。他向尼克说了我的想法，并寻求尼克的支持。尼克答应帮忙，于是基金会成立了。锦织圭（Kei Nishikori）受益于该基金，他于2014年成为世界排名第四的网球手以及美国网球公开赛决赛选手，他还在温布尔登中央球场打球。

如果没有马克的推荐和支援，那么我就不会在国际管理集团学院训练锦织圭，而这真的是该项目成功的关键。

在创始人井深大（Ibuka）先生的领导下，索尼集团的理念是真正具有创新性，做从来没有人做过的事。我们没有复制其他产品，而是直面创新的挑战，因此我们开发出了全球首款晶体管收音机、激光唱片和随身听等新产品。

我与马克的每一次生意都围绕着一个独一无二的提案。他那富有企业家精神的创新方法与我们的理念是一致的。通过他对我们的立场的理解与他创造新概念的能力，他能够将身处“两个世界”的我们结合起来，因此，我们在一起做的每件事都是成功的。

——森田正明

创造性思维

创造力不是我的强项之一，这就是为什么我非常钦佩拥有创造力的人。马克在温网中引入授权许可和商品推销的概念就是一个例子，这是全英草地网球俱乐部在20世纪70年代末根本想不到的事。我们完全专注于运营温网和推广网球锦标赛，这是我们的核心业务。虽然我们了解电视版权与商业存在协议，但我们并未将自己视为一个可以被开发的品牌。马克为我们的思维方式带来了一个根本性的改变。

起初，我们对此感到担忧和谨慎，因为马克的创新思维对我们来说似乎不合逻辑。在这个阶段，其他的体育经纪人不涉足商品推销。我们试图权衡利弊，最终，我们并没有看到很多不利之处。马克建议我们从日本开始，因为他对日本的市场了如指掌，并且他明白，日本与温布尔登在地理上的距离会让我们更加放心。如果这个方法不起作用，那么不会引起外界的关注。

事实上，这个方法从一开始就是成功的。我们从比较熟悉的网球服和网球鞋领域开始，但马克建议我们将商品推广计划扩展到珠宝和皮具等特殊项目。他引进了Flying W商标，该商标可以被放在较小的物品上，从而扩大我们的产品范围。

很长一段时间，我们在日本都非常成功。到2005年，我们在8个国际市场拥有约 24 家商店。我们不仅收到了一笔额外的奖金，还获得了超出财务范围的回报——温网被带到了远东地区。提升温网的形象有助于我们的电视协议。我们在日本主要的服装公司瑞纳（Renown）在日本的电视节目中插播广告以推广温网，这都对我们的成功有所助益。

这无疑是一项好决策，由马克出色地落实。他在游戏中遥遥领先，他的创造性思维改变了温网对于自己品牌的构想。商品推销与授权许可继续支持和强化着温网的核心活动。

——克里斯·戈林奇

了解何时及如何周旋

了解在谈判时何时变得灵活是一项可以收获回报的技能。马克拥有对交易的重要节点进行周旋的才能。在 20 世纪 90 年代，美国广播公司体育部有一位高尔夫节目制作人试图进军高尔夫赛事管理领域，马克认为这应该是国际管理集团的私人领域。

这位制作人试图创办一项在周末举办的网络高尔夫赛事，与我们的赛事时间重叠。他有美国广播公司的鼎力支持，我们有全国广播公司的支持。我们要争夺赞助、网站费用、高尔夫球手以及电视转播时间。马克让我负责高尔夫部门的工作，坦率地说，就是压缩其他赛事。没有人在这种情形下比马克更具竞争力。很快，由于国际管理集团持有顶级球员和拥有全国广播公司的大力支持，国际管理集团的赛事被证明是一项更优质的赛事。然而，另一方的赛事仍会进行，这大大削弱了我方赛事的影响力。

我与马克在一个早晨会面，我需要向他汇报我的工作进展和目前的处境。在我还没有结束汇报之前，他就打断了我："为什么我们不和这个人在这项赛事上合作呢？”他意识到，把一个潜在竞争对手带进我们的帐篷可能比在未来几年将他视为肉中刺更好。所以，我想我会和马克一起周旋，我乐观地说：“也许你是对的，拥有50%的优秀赛事可能比拥有100%的平庸赛事更好。”他皱起眉头回答：“谁说的各占50%？我们的份额要占到75%，最低不能低于70%。”合作伙伴关系是一个明智的选择，但国际管理集团没有必要割让更多领土。了解何时进行周旋是谈判的重要部分，知道如何周旋是一个更为杰出的技能。

——肖恩·麦克马纳斯

选择合适的拥护者

37年来，国际女子网球协会的每位首席执行官都会与温网委员会举办一场会议，倡导争取平等奖金。在我担任总裁、拉里·斯科特担任董事长兼首席执行官时，维纳斯·威廉斯已经开始与我们展开谈话，她表示希望更多地参与进来，并帮助我们在场外做出更多贡献。她是球员委员会成员，并且已经展现出为球员和整项运动提供服务的优秀的领导能力。拉里抓住了这个机会。他说，她应该在她的大满贯决赛前夕参加下一届温网委员会的会议。他说，没有人在平等奖金上比她更清晰、更有热情，并且，来自温网冠军的话语会更有分量。会议室内除了维纳斯全是男性。她请他们闭上眼睛并把自己想象成一个小女孩——她尽其所能地努力成长和训练；她坚持奋斗，并做出牺牲；她走上这个舞台，被告知她和男孩不一样（几乎一样优秀，但待遇完全不同）。这难道不令人震惊、不令人泄气吗？

维纳斯在那一时刻的策略和驾驭能力非常具有象征性和有效性。法国和英国的公众民意调查支持我们，英国首相和英国体育部部长支持我们，并且当时伦敦正在竞选2012年奥运会，那里正有一群杰出人物，这是一个千载难逢的机会。拉里看到了维纳斯的出现可能产生的潜在影响，她帮助我们实现了国际女子网球协会的众多球员和管理者几十年来捍卫的目标。最后一英里是最艰难的，她在那里为女子网球的每个人冲锋陷阵。除了她，不可能有一位更好的倡导改变的拥护者。

——斯泰西·阿拉斯特

打出你的王牌

有时候，需要拿出一些不同凡响的东西来打破僵局或改变谈判节奏。劳力士和温网主办方已经有了合作，并且即将迎来续约。精工（Seiko）与我们接洽并提出比劳力士高得多的报价，而劳力士拒绝对它们提出的数字进行更改。马克知道，在品牌方面，劳力士对于温网来说是一个绝佳的选择，但他也有义务为全英草地网球俱乐部争取最大利润。这是一个困境，问题是如何打破僵局。

马克了解劳力士的董事长安德烈·海尼格是一个多么有魅力又爱好广交好友的人，并且风度翩翩。马克邀请他过来与温网委员会一起共进晚餐。晚餐期间，安德烈做了十分钟的发言，解释为什么温网应该和劳力士在一起，因为它们完全是相辅相成的。他谈到了它们共同的价值观、专长、品质和长久的寿命。他没有提到精工或其他人，他没有必要这样做。他指出了所有对温网至关重要的点，这让温网委员会神安气定。在那次晚宴后，尽管劳力士提供的金额较少，但我们与劳力士签下了这笔生意。聪明的做法是了解温网委员会会如何对安德烈做出回应，并在合适的时间将他纳入谈判。

——伊恩·托德

公正之声

当讨论没有结果，并且任何一方都不准备做出让步的时候，那么就寻求一个能够安抚到双方的公正的解决方案。

我回到国际管理集团刚刚一年多——我之前在麦卡恩·埃里克森（McCann Erickson）公司工作了一段时间，出乎意料的是，我接到了来自国际管理集团高级管理人员彼得·史密斯（Peter Smith）的电话，他刚刚从国际管理集团在香港举办的一场晚宴中过来。彼得告诉我，那天晚上讨论的焦点是公司对进军印度感兴趣。作为一个痴迷于国民体育项目板球的国家，印度显然有很大的潜力。但是，彼得解释道，关于如何掌管这次进军以及负责的人选，存在着巨大的分歧——伦敦办事处和香港办事处之间发生了冲突。鉴于它们与印度的关系以及它们对板球的了解，伦敦办事处把这个项目看作自己的专业领域；而香港办事处认为，从地理位置上来说，把项目纳入香港办事处的掌控是合乎情理的。

在整个晚宴过程中，双方都提出了自己的观点，双方都不准备让步。这个僵局非常具有威胁性，危及了整个项目。随着双方来来回回甩出的观点，马克坐在那里，听着，一言不发。在专心听了一段时间后，马克突然插话，他有一个建议。马克继续说道，他现在需要的是一个新人，他既不在香港工作也不在伦敦工作，但是他了解国际管理集团的整个体系，他也许没必要是一名板球专家，但是他对网球和高尔夫非常熟悉，并且他有能力在这些领域建立客户群。然后，他推荐了我。这是一种典型的马克式干预，在所有人都参与其中的同时，打破常规思维，解决看似棘手的问题。公正的解决方案往往非常有力。

——迪克·奥尔福德

年轻率真有助于艰难的谈判

1988 年春天，国际管理集团在香港的温网电视版权谈判遭遇了极其严重的停滞，我对此并不知情。当地的英文电视台拒绝支付更多版权费用，而国际管理集团则希望年度许可费得到大幅增长并拒绝接受任何少于这一数额的费用。

恰逢这一僵局，我的电话在克利夫兰的国际管理集团总部响起，我在那里担任一名年轻的客户经理。马克打电话问我在做什么，我解释说，我跟我的上司提到过我期待新的任务。就在那一天结束之前，他再次打来电话下达了一个命令。我立即飞往伦敦，参加一场香港的任务介绍会。当我提到我之前没去过那里时，他笑了起来，并且神秘地说："太棒了……这样你就有资格去做我希望你做的事了。"

在伦敦，我了解到在香港电视版权上的谈判已经崩溃。因此，马克决定结束温网每年在香港的电视转播权，取而代之的是在一个高级场所的闭路电视上放映。我的工作是在一家酒店组织和安排这个活动，外籍英国人可以以高昂的价格在那里舒适地观看比赛。

当时我并不知道，在香港的电视上停播温网并将其打造成丽兹酒店的付费节目就好比在美国停播超级碗（Super Bowl）。随着公众不满情绪的上涨，当地一家广播电台邀请我上直播节目谈谈温网，为了更积极地推动这项活动，我欣然答应了邀请。事实证明，这是一场灾难，愤怒的听众打来电话指责我。我所有的观点都被证明没有说服力。更糟的是，我只卖出三张门票。

在我出丑的第二天，马克打来电话，他似乎很愉快，并告诉我他从头到尾享受这次访谈。我无法搞清楚他是怎么知道的（这是互联网出现之前的时期），或者他为什么在笑。我觉得他一定无所不知。我懒得再说我只卖出三张门票，我猜他也知道这件事。

几周之内，香港市民的骚动已经达到白热化。当地的电视台感受到了压力，它们认输并同意为温网的直播版权支付更高的价格，这意味着我可以回家了。马克又赢得了一场商业硬仗。当年商定的授权费是五位数，在短短几年内，这个数字就上升至六位数。

我想，我被派去组织这个注定失败的活动有很多原因。马克不想损害国际管理集团香港员工的事业和声誉。我是用来祭祀的羊羔，虽然受到当地人的憎恶，但可以毫发无伤地离开。另外，他相信我年轻率真的决心能够使电视台确信国际管理集团绝不退缩。

最后，他乐于为年轻、热切的下属提供人生经验和难忘的经历。现在，每当有人在工作中说我们的目标太高、项目太难或者压力太大时，我总能想起我在国际管理集团以及和马克在一起的日子，还有那些笑声。“相信我，”我总是说，“我们可以做到！”

——杰恩·艾本

采取一个有创造力的回转

1979 年至 1980 年的冬天，欧洲巡回赛成功地促成英国广播公司为多场锦标赛签下了一笔年份很长的版权交易。我们与英国广播公司体育部的新负责人达成协议，他认为恢复对莱德杯（Ryder Cup）的报道是一个关键目标。我们能够利用这一优势促成英国广播公司承诺尽可能多地报道高尔夫锦标赛。我们可以保证的网络覆盖范围越广，获得大赞助商的前景就越好，从而奖金也就越多。最终，我们争取到了一份为期四年的合同，其中包括莱德杯和其他一系列锦标赛。这使得世界比洞赛成为一个异类。公开赛之后，虽然世界比洞赛是欧洲高尔夫赛事中最重大的赛事，但它在巡回赛财务方面却没有分到一杯羹。一直以来，国际管理集团保有所有版权。

当我碰到马克时，他祝贺我谈判拿下了英国广播公司的协议。我先感谢了他，紧接着说："马克，我们现在需要谈谈巡回赛接手世界比洞赛电视版权的份额。我们已经把其他所有赛事很好地纳入巡回赛，现在我们需要促成这份合同。"我的建议坚决并且公正，50% 是合适的。马克说他考虑一下再回复我。

过了一会儿，马克打来电话说："肯，你说得对，我觉得 50% 差不多可以。"我非常高兴，最高的谈判代表马克同意了我的条款。然后他继续说道："我们现在可以提供 10%，第二年提供 20%，第三年提供 30%，第四年提供 40%，然后在第五年提供 50%。"

我没有再追究，而马克转让给我们的 50% 的版权也没有等到第五年。事实上，这是一个巧妙的解决方案。这个方案积极回应了巡回赛是正确的，应该参与世界比洞赛并从中获益。这个方案使我们能够直视其他承办方和赞助商的眼睛，并宣布我们现在已经使所有的赛事合法化。这是我在创造性谈判的艺术方面学到的又一课。

——肯·斯科菲尔德（Ken Schofield）

常理往往最有意义

在将普罗舍夫公司（ProServ）卖给 SFX 体育集团（SFX Sports Group）后，我继续留在 SFX 的体育部门工作。有一天，马克打来电话约我见面。据传，SFX 从滑冰冠军迪克·巴顿（Dick Button）那里买下了一家公司。该公司制作了一个体育节目，该体育节目在美国电视上播放。SFX 在买下这家公司时，也买了这个节目的版权。但是，这个节目是由国际管理集团的资深电视人巴里·弗兰克制作的，他负责运营并争取赞助。SFX 的人一直在和国际管理集团交涉，试图厘清这个节目的所有权和经营权，然而谈判陷入僵局。

很显然，马克很受挫，这就是他要求见我的原因。当我们见面时，他给了我一个提议：我应该和我在 SFX 的同事谈谈，并要求他们给国际管理集团一个公平的提案以解决目前的僵局。他说他会接受我返回的任何答复。我有些震惊，因为我知道我的身份很尴尬，但尽管尴尬，他仍相信我会公正地尽力帮助他与 SFX 合作。否则，他只需抽出身来，改掉节目的名字，带上赞助商，组织活动并将该节目出售给网络公司，而不需要 SFX 的任何参与。

我知道马克是对的，他的建议很有道理。我答应了，并找到 SFX 的相关人员。然而，尽管我尽我所能地让 SFX 给出一个公平合理的提案，而不是冒着失去整个节目的风险，但 SFX 拒绝了，SFX 希望与国际管理集团回到谈判桌上讨论细节问题。我们饶了很多圈子，但最终我不得不回复马克，说我做不到。果不其然，我们失去了这个节目。国际管理集团和赞助商决定单干，它们打造了一个带着新名字的新节目。讲常理而不是法律义务并采取务实的观点，往往是脱离棘手局面的出路。

——唐纳德·德尔

寻找独特的解决方案

随着网球成为国际管理集团业务的重要基石，温布尔登的那两周成为一个非常重要的固定项目，许多非本地的管理人员会来到伦敦参加为期两周的会议并支持他们的客户。在尽可能精明地降低成本的同时，我的父亲很快意识到，将管理人员安置在伦敦市中心酒店的费用的数额可能会很庞大。当时的解决方案很特别：从温布尔登的众多居民房中租下一间房子，并留意避免在比赛期间给村庄带来混乱。

对于国际管理集团来说，集团不仅节省了资金，而且在便利性、住宿品质甚至团队建设方面都有所收获。入住当地的管理人员可以步行前往球场和温布尔登村庄。我们聘请了一位厨师来提供早餐、午餐和晚餐。房子的公共区域可供娱乐和休闲，在比赛之外提供了一个受欢迎的避风港，或者一个可以安静等待因大雨而延误行程的场所。

现在，国际管理集团在温布尔登的两周期间租用了好几栋房子，并且大部分竞争对手也是如此。效仿是恭维的最高级形式，这种情况就是一个铁证，即创造性地思考一个问题，特别是耗资巨大的问题，可以为其中的每个人提供更节省并更具吸引力的解决方案。

——莱斯利·麦考梅克·加蒂

小智慧

马克说，他总是让他的司机在机场的出发区接他而不是到达区，因为出发区永远不会那么拥挤。他绝对是正确的，我也经常这么做。

——彼得·麦凯尔维

以物易物的力量

易货交易对国际管理集团的财务产生了巨大影响。全世界有这么多人在忙碌着，而公司需要成为一个聪明的服务买家，并通过相同的渠道来输送开支，以便充分利用已达成的任何交易。在我们的例子中，我们非常有效地利用了易货交易。马克设立了行政事务委员会（Administrative Operations Committee），以审查所有部门中花销最多的项目。部门经理会被询问他们购买的这些产品和服务的来源，以及他们是否做了一笔易货交易或某种赞助形式的交易。

有很多公司希望开展与我们的客户相关的市场营销宣传活动，客户也许没有营销预算，但可以通过提供服务做出贡献。宝马可能会为一场活动提供礼宾车队，作为回报，宝马将作为受认可的供应商出现在该项目的文书中。这种情况与我们的复印机供应商类似。我们最大的交易之一是与汉莎航空（Lufthansa）的生意。作为在活动上对其曝光的回报，我们可以使用价值数千美元的航班。我们每年通过采取更具创造性的方式买进服务，并节省了大量开支。

——卡罗琳·沃德

小智慧

只读一次备忘录、电子邮件或文件。有一次，我看到马克带着一大堆备忘录上了飞机。一旦读完了一个，他就会在上面做笔记并把它放在右边，或者撕掉并把它放在左边。他上飞机的时候带着50张纸，下飞机时还剩四五张。我们在阅读东西的时候倾向于只读一半，然后把它放到一边；或者读完，但不能真正地集中注意力。现在，当我阅读备忘录时，我真的会专注于此，而且我不必在之后多次回顾。

——蒂莫·卢姆

第三部分

发展业务

第七章

建设企业文化及树立企业价值观

建设企业多取决于倾听自己的直觉判断力，然后采取必要的措施将理论付诸实践。

与许多其他事情一样，马克·麦考梅克采取一种直觉判断力来发展业务。他在《哈佛商学院不会教你的商业策略》一书中以他典型的不拖泥带水的方式指出，国际管理集团的成功一无是处，“只是独一无二或非常规”。这种谦逊掩盖了他在建设和维护一个激发了几代商界领袖的企业背后的智慧。显然，这种思想和实践也影响了我们的供稿人，无论是在国际管理集团的内部还是外部。《超越哈佛——麦考梅克不同反响的商业智慧》的第三部分讲述了马克·麦考梅克是如何帮助他们在自己的企业中取得成功的。

第七章着重于你在发展企业时带来的价值观和企业家精神。国际管理集团的萨姆·祖斯曼（Sam Zussman）坚信“没有价值观，你不可能成为任何行业的市场领导者”。对他而言，这个世界上的哈佛们和斯坦福们关注的是企业的机制——有形资产，而马克·麦考梅克的方法是基于无形的，他所能够描述和规定的原则和价值观是如此富有表现力。**价值观与原则是重要的企业根基**。摩城唱片公司的（Motown）的贝里・戈迪（Berry Gordy）从来没有和马克・麦考梅克在同一个行业工作过，但他们的友谊建立在共同的基于原则的企业方式之上，建立在对他们所推广的人能“拥有品格、荣誉、谦逊和热情，并在竞争中蓬勃发展”的希望之上。

正如马丁・索雷尔爵士（Sir Martin Sorrell）说明的那样，你为企业带来的价值观也将决定你希望企业所发展成为的类型。但是，一旦你决定采取某种方法，重要的是保持专注。**在任何时候都要专业，并为你自己以及与你合作之人设定最高标准**。承诺品质，不要忽视细节；追求胜利，但要以你完整无缺的正直去达成。加文・福布斯提醒我们，**声誉是企业的一切**，无论对组织来说还是对代表组织的个人来说。

在你的企业文化中植入共同价值观，将确保你在所经营的市场中展现强大的形象。另外，你还要以身作则。对于鲍勃・卡因来说，能够从处于游戏顶端的人身上观摩并学习就是**“以身作则”**，这是一种渗透整个公司的方法。凯瑟琳・辛普森（Catherine Simpson）向我们展示了这种包容性的“勇往直前”文化是如何帮助国际管理集团在国际上扩张和蓬勃发展的。

原则、价值观与文化也表现在企业前景和企业结构上。仔细考虑适用于你的企业的结构——你是需要更严格的划分，还是需要流动性和灵活性？但是，**绝不能让结构成为对创新或发展的束缚**。马克・麦考梅克在国际管理集团中采用的著名的多部门方法使他能够跨越一个相当平展的企业组织进行审视，并且关键是，能够跨越地形建立关联。杰里米・帕尔默-汤姆金森认为，国际管理集团开放、易懂的结构与文化是其多元化能力的关键。

珍妮·罗斯在她整个职业生涯中一直在模特行业工作，当国际管理集团凭借其自身专业性兼具道德感的经营理念进入这个市场时，她感到震惊，她相信这既对国际管理集团模特事业的成功产生了促进作用，也影响到了整个行业。对她而言，合乎道德的方法是做“我们所有人的驾驶员”。**正直做事并关注“更广泛的利益”对企业有好处，也往往对涉及的人有好处。**塞巴斯蒂安·科（Sebastian Coe）提醒我们，对体育商业化的担忧必须通过财务支持为运动员及其家人提供的更广泛的利益进行平衡。

当然，拥护包容性的、基于原则的方法不会创造出不受企业纪律影响的文化。密切关注细节，并找到方法来强化围绕严格管理的重要信息。加文·福布斯永远不会忘记马克提醒自己给小费；珍妮·罗斯每次按照马克的建议节约回形针时，都会深情地想起他。霍华德·卡茨提醒我们，尽管情感可以为新业务带来创造力和热情，但当事情没有按计划进行时，你也需要头脑清晰：“有时在业务中，你需要知道何时终止，无论你已经投入了多少——在情感上和财务上……很‘遗憾’，失败只是业务的一部分。**诀窍是从失败中吸取教训，尽可能干净利落地继续前行。**”

睿智之言。请继续阅读吧。

充分利用你的核心价值观

没有价值观，你不可能成为任何行业的市场领导者。如果你不关心你的声誉或你的顾客，如果你目光短浅，如果你不投资人际关系或建立信任与尊重，那么你的企业不会持久。我确信，一些组织也许可以在一段时间内通过侵略、资本和市场地位往前硬冲，但是从长远来看，这些东西会反过来困扰到它们。

这些核心价值观并不是马克编造出来的，它们是永恒的真理。牛顿发现而非发明了重力，因为重力是客观存在的。但牛顿是第一个注意到重力并将其用语言表述与定义的人。同样，马克明白这些价值观的重要性，这些价值观的要素，以及如何用语言来表达它们。马克拥有洞察力和自我审视能力。对他来说，这个世界上的哈佛们或斯坦福们的教育体系专注于机制和企业的有形资产，而他的方法来自经验和关注无形资产。他会以让无形的东西变得更加实际的方式来表达他的观念。通过这种方式，他可以帮助其他人掌握这些要素，欣赏这些要素并尝试更好地使用它们。

如果你问一名运动员他是如何投球的，那么他会说“我不知道，我就是把球捡起来扔出去”。他可能很厉害但他不明白为什么。如果你能让他更多地了解投球方式，那么他会做得更好。杰出的管理人员有有形的一面，也有无形的一面，而这两面是相辅相成的。对我们来说，有些东西来得比其他东西更容易，即从教科书上可以学习到有形的一面，但掌握无形的一面却很难。我们都渴望成为更好的自己，而马克通过伸出援助之手帮了大忙。

我从未见过马克，但我相信这些原则和价值观是他自然而然地获得的，他以扬名天下。他的技巧在于描述和规定这些原则和价值观。他将他所相信的真理清晰地表述出来，他所做的每件事以及他带进国际管理集团的每个人都以此观念为准绳。

当你遇到国际管理集团的“校友”时，你会感到放心与信赖，因为他们“懂”你。我经常重新雇用那些曾经以初级职位在这里工作过的人，因为我知道他们理解这些核心价值观，知道他们拥有这些无形资产。马克在多年前将一些东西刻进了公司的基因中，如今它们仍是公司的核心。

——萨姆·祖斯曼

原则很重要

一名来自芝加哥的耶鲁大学法律系白人毕业生与一名来自底特律的黑人高中辍学生在商业理念上可能存在什么共同点？很多年前，当我在一场网球赛中遇到马克·麦考梅克时，我找到了答案。我觉得他很棒，他对我也很满意，于是我们成了挚友。

尽管我们在不同的行业工作，管理不同类型的人，但我们有着相同的理念，即原则很重要。我们希望我们所推广的人拥有品格、荣誉、谦卑和热情，并在竞争中蓬勃发展。

我们交谈得越多，就越意识到我们都在尝试做同样的事，即让我们所推广的人成为超级明星。我们分享观点、想法和理念。我曾听说，在马克初次见客户时，如果他认为客户没有与他完全一致的品格和奉献精神，那么他就不会签下他们。毕竟，他的学院培养了他的客户多年。

我以同样的方式领导摩城唱片公司。在我和迈克尔·杰克逊（Michael Jackson）、史蒂夫·旺德（Stevie Wonder）见面时，他们不超过8岁或10岁；在我和黛安娜·罗斯（Diana Ross）、至上女声乐队（the Supremes）、史摩基·鲁宾逊（Smokey Robinson）见面时，他们大概17岁。除了才能之外，我必须在他们身上看到好品格才会签下他们。

我对马克的方法非常推崇，我问他："这么多不同类型的人，你是如何践行这种方法的？"他们遍布各个领域——高尔夫、足球、篮球、时尚，凡是你能想得到的领域。他会说："无论在哪个领域，如果他们有正确的原则，那么他们就会为自己在这个世界上赢得更多胜算的机会。我们的工作是让他们意识到这一点。"

我是一名黑人，生活在白人唱片骑师不会播放黑人音乐的世界里。我对摩城的想法是，为所有人制作音乐。我必须让他们相信，所有人都有同样的情感——在生活中拥有同样的追求，以及同样的顾虑和恐惧。

马克有同样的感受，并以同样的方式对待人们——努力让他的客户尽可能做到最好，无论他们的肤色如何，无论他们来自哪里。

回首过往，我们知道我们非常幸运。我们心存感激，因为我们对周围的人以及我们所致力的事业满怀强烈的热爱。我从一名歌曲作者起家，我没有可以成为歌手的嗓音，但我很喜欢传授、发展和推广那些拥有歌手嗓音的人。马克是一位优秀的大学高尔夫球手，他在 1958 年的美国高尔夫公开赛上错失冠军，但是他将对体育的热爱倾注到管理事业上，他签下像阿诺德·帕尔默、杰克·尼克劳斯、加里·普莱耶和泰格·伍兹这样的高尔夫球手，像克里斯·埃弗特和比约恩·博格这样的网球名将，还有很多其他的人。

我喜欢听马克推广艺术家的理念，该理念能够避免他们走上弯路。马克同意我的想法——方向比速度重要得多。如果你起飞太快，那么你就会驶离航向，飞进杂草或丛林，你需要花费很长时间才能回到正轨。如果你坚持正道，那么你会更快抵达目的地。

马克·麦考梅克是一位在体育、管理和传媒界留下不朽足迹的先驱。他是一名杰出的商人，并且正如他通过他一贯的经营理念所证明的那样，他确实是一个有原则的人。

——贝里·戈迪

发展你想要的业务

一旦经营的业务跨过启动阶段，你需要就业务类型做出决策——需要对诸如规模和管理等问题进行重要的选择，而这些选择需要以企业自身的特点为主导。

有些人擅长启动公司，然后将其出售，以便他们可以尝试些别的。有些人擅长发展公司，并且当他们在没有大公司的资源和基础设施的情况下尝试创办自己的公司时，结果会是一场灾难。对人们来说，同时做好这两件事是不常见的。启动某样东西所需的才能与发展某样有规模的东西所需的才能是截然不同的。

马克相信严格的技术控制的力量。如果你坚持他的信念并按照他的方针经营公司，那么你一定会有所收获。他的理念意味着对公司的规模有所控制。马克本可以将国际管理集团发展成为一个更大的实体，但他却乐于为了个人的控制权而牺牲企业规模。他以公司为生，他所做的一切都是为了公司，这是他性格的延伸。我认为，他在上市公司的环境中会感到不适，会对暴露在探照灯之下势必会失去控制权而感到不安。讽刺的是，如今，马克·扎克伯格（Mark Zuckerberg）掌控脸书（Facebook），拉里·佩奇（Larry Page）和谢尔盖·布林（Sergey Brin）掌控谷歌，杰夫·贝佐斯（Jeff Bezos）掌控亚马逊，因为机构投资者们如今接受了在上市公司中可以建立允许个人保留控制权的结构。

马克本可以通过发展规模变得更加成果非凡。尽管马克的公司在行业内规模庞大，但其展现出的形象要远大于现实情况。马克擅长创造这种假象。他从不谈论盈利或收入，但总是谈及雇员的人数和世界各地的办事处数量。我们 WPP 集团的体制与此相反，没有人知道 WPP 集团是英国第 25 大公司及世界第 271 大公司。

这归结为不同的方法和不同的理想。我总是觉得《哈佛商学院不会教你的商业策略》这本书是旁门左道。我认为我在哈佛大学度过的时光构建了我的态度，这与马克的观点相左。我的母亲说，我在哈佛大学念书是发生在我身上最糟糕的事，因为这让我过于注重商业。我每天坐在那里听三个案例研究，试图分析董事长或首席执行官应该做什么以及为什么应该这样做，这让我觉得非常具有战略意义，并且成了规模的信仰者。

然而，我确信马克认为，拥有100%的国际管理集团好过拥有2%的WPP集团，这与我们的持股比例有关。对马克来说，控制权至关重要，他可能是对的，因为他能控制自己的命运。有些遗憾的是，如果他有不同的方法，那么他有可能会更加成就斐然。但这没有对错，重要的是，在发展业务的同时认可那些对你来说重要的东西。

——马丁·索雷尔爵士

保持注意力

注意力是成功的关键要素。和马克在一起时，我每次都会感到震惊。他对细节和重点的关注是如此惊人。他的口袋里装着3×5索引卡片，并且他总是在记笔记。无论我们在谈论什么，他绝不会错过任何细节。如果他喜欢你说的一个笑话，那么他会把笑点写下来以便在之后唤起回忆。如果我提到一个我认为可能有用的名字，比如一位体育明星，那么马克会将其记录下来，并在第二天进行调查。如果我提到任何我正在考虑要做的事，那么他就会为这个想法注入机会，并且严格跟进。你的邮箱里可能马上就会收到一封邮件。

例如，当我打造斐泉（Fiji Water）品牌时，他将我与斐济高尔夫球手维杰·辛格（Vijay Singh）联系起来。我随后就去了迈阿密，并在一场比赛中见到了维杰·辛格。他还帮我与加里·普莱耶建立了联系，加里·普莱耶是一位伟大的传播者，并且十分热衷于锻炼身体。加里·普莱耶过去常常在击球的间隙喝水，如果他看到有旁观的孩子在喝可乐，那么他就会过去给这个孩子一瓶斐泉。

马克不会考虑涉足任何其他领域。他专注于一个领域，专注于创造一个帝国。他所做的任何事情都会取得成功，但是在国际管理集团，他已经超越了成功，因为他已经与集团融为一体。他的杰出是因为他非常专注于这个领域，并使其不断壮大。他将他与阿诺德·帕尔默一起策划的可贵想法不断扩展。他将自己的专业知识运用于模特和古典音乐领域中具有类似需求的非体育人士身上，但如果他在其专业领域之外多元化发展，那么他就不会取得这样的成功。他从来没有被说服去开发别的什么东西（比如生产网球拍），这是难能可贵的。

对此可以吸取的经验是：不要让自己过度延伸。马克很杰出，因为他将注意力保持在他的专业领域。多元化可能不利于事情的进展。克里斯·埃弗特曾向马克解释专注的重要性，她表示在温网的女子决赛中，她只专注于击球而不看记分牌。她就是这么赢的——没有担忧或分心，只有专注。马克为国际管理集团带来同样的方法，并且他的方法收到了成效。

——戴维·吉尔摩

留意长期发展的细节

渗透于马克所说的与所做的一切，其关键特质是他对细节和焦点毫无保留的投入。我深深地尊重那些具有这些特质的人，因为他们是所有事情的主导者和推进者。

这在马克创办和建设国际管理集团的方式中表现得淋漓尽致。这是一位碰撞上阿诺德·帕尔默，并在一个握手决策上开启创业的人物。随后，他煞费苦心地合并团队——一个部门接着一个部门，一名优质人才接着一名优质人才，并监督着每一步。他沉着并全身心关注于正在做的事，他创造出的东西并不只是短暂存在，它不会昙花一现，然后成为泡影，它会不断发展壮大，年复一年地精神焕发。通过专注和对细节的重视，马克不仅创建了一个占据主宰地位的企业，而且绘制了我们在体育事业中所做的一切事情的蓝图。

我比大多数人更了解这种心态，因为我与其类似。我只会思考下一个挑战——如果我们做了这件事，那么这会引发什么含义？我所获得的一切成就都是因为我对细节的痴迷。如果你不坚守到最后，不盘算出如何把事情做得更好并确保你要求的事真的在被执行，那么你就无法连续七年履行承办奥运会的职责。在体育职业生涯中也是如此，你绝对要想方设法、不遗余力。你不希望在奥运会决赛中面临任何你之前在训练过程中千百次都没遇到过的情况。对我而言，这是同样一种心态——对细节的痴迷促成持久的成功。

——塞巴斯蒂安·科

关心小事

我在哈佛大学攻读工商管理硕士时，马克和他对国际管理集团的管理是我们的研究主题“新企业管理”的案例之一。马克过来发表讲话，他在讲话中表示，他从最终经营美国音乐公司（Music Corporation of America）的人才经纪人卢·沃瑟曼（Lew Wasserman）那里学到了一个重要经验。除了别的客户，卢·沃瑟曼曾代理过一位著名作曲家兼指挥家，即使在他的权力巅峰时期，他也不会因为太骄傲而不为该作曲家订购指挥棒。

马克表示，对他来说，这不仅仅是关于为阿诺德·帕尔默谈判一份大合同的问题。如果阿诺德说，明天的比赛他需要一双8号高尔夫球鞋，那么马克会搞定这双鞋。这具有很大的指导意义，它教会我不要只看大局，同时也要关心最小的细节。魔鬼隐藏在细节中。有些人会以轻微的贬义方式来称呼微观管理，但我把这当作一种恭维。如果你把自己从细节中抽离出来，那么你就很难再融入进去。将自己从经营中抽离出来是马克和我都不会做的事，因为细节问题太重要。

——马丁·索雷尔

追求完美

作为一个品牌，劳力士因其始终追求完美的精准测量方法而著称。马克与我们有着类似的理念，这就是我们彼此投机的原因。马克热衷于体育，我相信这是他心之所向，但他总是拥有一个结构性的、精确理性的方法，他的目标是追求完美。这些特质在他的个人生活和他的商务生活中都是显而易见的，因为它们就完全相通的。

我会在伦敦、纽约、巴黎或日内瓦见到马克，他在酒店待的时间较长。他曾告诉我，为了节约早晨的时间，他对自己放置梳子、刷牙和洗脸物品的位置了如指掌。他会住在同一家酒店的同一个房间，所以他完全了解房间的布局。这些都是必须遵循的具体例程的一部分。“但是现在，”他抱怨道，“一个新服务员每天早上都会动东西。如果服务员把我的东西从这里移到那里，那么我就迷茫了！我去找过经理，如果服务员一直这样做，那么我就不得不换一家酒店了。”他对待闲暇时间的态度也一样。马克一直是一名非常优秀的高尔夫球手，但渐渐地，他打高尔夫的时间越来越少，然后开始打起了网球。我问他，为什么他在打高尔夫打得这么好的时候不打了。

“我在一个我非常熟悉的球场打了几个月的球。”他回答，“我知道我需要在球道上打出一杆低位右路。当我打出这一杆时，球的运行轨迹却是高位左路。我想，我明明知道该如何打出这一杆，但我没有处理好。如果在我的身体和我的思想之间存在如此的脱节，那么我就不准备继续了。”

这可能是他在那天唯一失败的一杆，但他很震惊，他没能够履行自己严格的标准。这些标准是马克的成功要素的组成部分，包括多年来与劳力士的稳固关系。虽然马克的标准对很多人来说看起来可能高得离谱，但是他追求完美始终没有改变。

——伯特兰·格罗

随时保持专业

我在18岁时与国际管理集团签约。我被这家公司吸引，因为它是全球最大的为体育和娱乐事业工作的营销和管理公司，它很专业，并且有很好的声誉。国际管理集团在国际市场上也占有一席之地，这对我很有吸引力，因为我有兴趣成为一名全球性球员。这意味着，如果我前往美国、澳大利亚、日本或世界上任何地方，我只要一到达那儿，就有人关照我。比如，我在日本打球时，我需要一名翻译员，那么这一切都会准备好。

贯穿国际管理集团的专业方法源于马克。我们曾经在柏林参与设计柏林体育俱乐部（Berlin Sporting Club），这是一栋包含三个18洞球场的综合性建筑，分别由我自己、阿诺德·帕尔默和尼克·福尔多设计。我们当时正在与一家公司谈设计或施工的细节问题，虽然我们的讨论毫无结果，但我们却是以友好收场的。马克对我说，他的理念是，永远以一种你可以在稍后回访他人的方式来对待他人。事情可能在顷刻间发生改变，所以千万不要留下不好的印象而断了你的后路，否则你很有可能会失去与这家公司再次合作的机会。对我来说这是常理，但这通常就是最好的建议，并且我很高兴能从马克那里听到这样的建议。

当我在27岁时赢得第一场重大比赛后，我在国际管理集团的经纪人告诉我，从那时起，我必须过上一种纯净的生活。他说，不要做任何可能有损你形象的蠢事，微笑着说恰当的话，并继续得体地打高尔夫，你会做得很好。除此之外，他建议我应该力求成为四五家蓝筹股公司的大使，而不是为了赚快钱而与小公司做上25笔生意。这种方法的智慧一直伴随着我，我宁可只与最好的汽车制造商、最好的手表厂家或最好的服装公司结交。如果你代言的产品数量众多，那么观众会感到困惑，并且你试图传达的信息会被淡化。这两条建议是密不可分的，因为最好的或最有声誉的公司只想与最好的运动员来往——无论是在场上还是在场外。人们在你打最后一杆或某次商务会面结束很长时间之后，才会注意到你体现出的专业性。

——伯恩哈特·兰格（Bernhard Langer）

设定标准

在面向客户的业务中，至关重要的是，你要让别人看到你在加倍付出，并且不要掉以轻心。这是国际管理集团的文化，源自马克的方法。国际管理集团的许多客户都是由来已久的，因为国际管理集团在持续为他们提供服务。举办一场成功的高尔夫球赛，然后坐享我们取得的成就并自诩“干得不错，让我们再来一次”，这件事相当容易。鉴于此，我们必须不断创新，不断审视我们的表现，不断思考如何提升自己，因为不进则退。

在提供服务时最重要的因素之一就是让赞助商保持满意。我曾运营了一场比赛，在比赛期间，我们将为任何一杆入洞的球员赠送一辆车。比赛在3月份举行，在前一年的11月，我们发放了赛事传单，并在传单上标注出一杆入洞奖项。在比赛的前两个月，汽车赞助商退出了，我们及时向媒体发布了一则消息，我们将取消一杆入洞奖。最终比赛开始了，第一天的结果很让人扫兴。参赛选手表现欠佳，天气也不好。媒体唯一可以抓住的一点新闻就是一位相当不知名的一杆进洞的职业球员。媒体一拥而上，突然间，话题都是关于这位获得一辆汽车的职业球员，而这时我们并没有汽车可以提供。尽管我们已经提前向媒体妥当通报了这一变化，但现在的负面宣传存在影响赛事并抹黑我们主要赞助商的严重风险。与媒体讨论谁是谁非的持久战对赞助商不会有任何好处。我们赞助商的总裁将于第二天离开，所以对我来说，除了冲向汽车经销商购买一辆汽车并将其送给这位职业球员之外，我没有别的办法。

在体育营销的早期，国际管理集团几乎没有竞争对手，并且代理了大部分重要球员。我们可以提出在世界上任何地方举办比赛，并且可以保证我们会带来最棒的球员。但马克很小心，国际管理集团没有滥用这种支配优势。无论在哪里举办比赛，我们都尽我们所能地去经营，并且加倍付出以确保我们提供的服务质量。如今的体育营销行业要复杂得多，许多代理商和体育公司代理了顶级高尔夫球手。但是，由于在提供服务方面的良好业绩记录，国际管理集团仍然保有显著优势。我在40个不同的国家运营了300场比赛，我还培训了一批专业人员为我们运营比赛，虽然这些赛事比以往复杂得多，但我们仍然按照国际管理集团早期规定的严格标准进行实践。

——彼得·杰曼

正直总是胜于短期收益

我有过一段在弗吉尼亚大学（University of Virginia）法学院教授体育法的经历。经过15年的教学以及对事情运作方式的了解，如今我会在我的第一堂课上对学生说："如果你们以后再也见不到我，或者你们不选我的课而选另一门课，抑或你们来上课但不参与或者记不住任何一个案例，那么你们只要记住两个词——'信任'和'关系'。如果你们能以这两个概念为基础，那么你们将会在法律或商务方面取得成功。"

马克和我都相信这一点，并且明白无论你与谁打交道，这两个概念都至关重要。

在普罗舍夫公司，有一个与我很亲近的人，但我们之间闹过不和。他威胁我说他要离开并另起炉灶。然而，事实并非如此，因为人们并不会靠一己之力重新开始，他们总是试图带走两三个重要客户。这个人接触到国际管理集团，并且提出如果他被雇用，那么他会带去三位顶级客户。当我第一次听闻这件事的时候，我正在开车，与我的妻子以及两个孩子一起去度假。我的车载电话响了，我接起电话。电话里的声音说："唐纳德，我是马克。你不必出声。某某来见过我们三次，我知道他和你走得很近，不过不用担心，出于对你的尊重，国际管理集团永远不会雇他。谢谢，再见。"

整个电话不到30秒，但是意义非凡。假设我们对一个人发起诉讼，他不希望这通电话成为证词，所以我们之间没有对话——我只是在听。但最重要的一点是，无论怎样马克都不会雇用这个人，也不会乘人之危。信任和关系在所有商务领域都很重要。

——唐纳德·德尔

将你的价值观植入企业文化

诚实和正直是国际管理集团的基本价值观，在任何企业中也应该如此。马克非常重视这个观念并身体力行，他不会容忍公司内存在任何形式的不诚实行为，不管这些行为是多么微不足道。他以一种特别的方式来确保这些价值观正在通过国际管理集团被推动。

有一天，我坐在办公桌前，接到马克的一个电话。在谈话中，他说："来自明尼苏达州的年轻女孩一切都好吗？"这是一个无关紧要的问题，只要说"好"就可以了。但是我纠正了马克的错误。我说："马克，她不是来自明尼苏达州，她来自加利福尼亚州。"他快如闪电般地回复道："我知道，我只是在测试。"我刚刚通过了"麦考梅克测试"。如果他打电话给你，或者甚至在电梯里碰到你，问一个你不知道答案的问题，那没什么。如果你说"我会尽快找到答案并回复你"，那很好。但如果你试图用谎言掩盖自己，你就输了。他会立即失去对你的尊重。测试失败的人几乎没有第二次的机会。我认识一个人，他被问了一个问题，然后他试图蒙混过关。他错了，并且再也没有得到晋升。

这些带陷阱的问题是一种手段，借此分辨一个人诚实与否。马克的理论是，我们做的是长远的生意。如果你不告诉人们真相，或者你做了单边交易，那么等到真相大白那一天，你瞬间就会声誉扫地。这是经验之谈。我们曾经有一些员工不符合这种标准，我想我们已经把这种情况清除了。我在这个行业已经30年了，到头来，我个人的好坏只取决于我的名声。

——加文·福布斯

言传身教

马克教会我很多，不是作为教授正式课程的老师，而是通过他的身体力行，我可以观察他并目睹他的行事作风。我花了多年时间才意识到我从他那里学到了很多。当我们成功申办阿尔贝维尔冬季奥运会时，我成了 1992 年冬奥会组委会的联合主席。突然之间，我成了一名商人，一名拥有 24 000 员工的企业负责人。马克和国际管理集团在经营我的个人职业生涯方面做得非常出色，于是我聘请国际管理集团帮助运营阿尔贝维尔冬奥会的营销项目。我每天都对自己感到惊讶，我会对自己说“我是怎么知道这个的？”——关于广告，或者赞助，或者任何东西。然后，我意识到它们大部分都来自马克。毫无疑问，冬奥会取得了巨大的成功。

我学到的不仅是实用的东西，也是一种生活方式。我的脑子里装着马克，他给予我的东西如此之多，我随身携带着这些东西，因此从这个方面来说，我永远不会失去他，就像他的职业道德。他比我认识的任何人都更努力工作，他不达目的誓不罢休，他甚至可以在一夜之间环游世界以完成任务，无论任务是什么。另外，我对他的正直非常钦佩，这就是为什么我们在没有互相审查或签署正式协议的情况下合作了这么久。在我们的第一份合同于 1975 年结束后，我们毫不犹豫地签下了另一份合同，因为我们彼此完全信任。他没有教我正直，因为我觉得我已经拥有了正直，但他向我展示了如何在艰难的商业世界中使用正直，这一点让我终生难忘。

——琼-克劳德·基利

小智慧

在 30 000 英尺（约 9 144 米）的高空飞行却仍然能够俯视的远见者或行业领袖是非常罕见的。马克拥有令人难以置信的精细、全面和充分准备。这是他的驱动力，也是他的伟大之处。当我们接下一个项目时，我们看到了马克是如何做到的，并思考为什么我们不能以同样的方式做到。这种做法渗透到整个组织中。我们没有针对新加入者的培训计划。我们的做法是，新人通过与我们相处来学习，通过观察我们如何做事来学习。这就是言传身教。

——鲍勃·卡因

以身作则

节俭对国际管理集团来说很重要，并且这是来自上层的。马克不以谋利来经营公司。他把绝大部分资金都重新投入公司，而不是花在自己身上。事实上，他一生都在建立一个企业，他从未停止过这项任务。他展望未来，并希望通过重新投资公司与投资人才而把公司做得愈加强大。

马克的做法意味着他没有在他的许多同辈人中引领生活方式。他有一间可爱的房子，享受头等舱的旅行并享用美食，但他没有进入私人飞机领域或在自己身上大肆铺张。公司里的每个人都知道这是事实——他以身作则，因此他备受尊重。如果你乘坐自己的私人飞机飞来飞去，那么你就很难在开销上批评某人。他的做法也有助于锻造忠诚。每个人都知道马克正在重新投资这个企业，因此他也在有效地重新投资每个人的未来。

——林顿·泰勒

在海外留下积极的足迹

我为国际管理集团工作了20多年，其中绝大部分时间都花在海外工作上，比如南非、巴基斯坦、印度和斯里兰卡等地。我有一个核心团队，但我们极度依赖运营所在地的自由职业者。无论我们身在何处，我们一直努力坚持我们的标准和行为，并让人们在我们的框架内适应我们的工作方式，同时依然对文化差异保持敏感。

国际管理集团的文化是包容和公正待人。我们将有积极贡献的自由职业者视为团队的一部分。在印度，对于老板来说，将取得的成就全部归功于自己是一种惯例，但我们尽力确保每个人都有发言权。

将自由职业者视为团队的一部分非常重要。有一次，我们必须在短短五天内在一个新场地举办一场印度板球超级联赛，这需要我们整个团队都被安置在一家酒店。我们都住在同一家酒店——从最低薪到最高薪的员工，团队中的每个成员都享有相同的日津贴。这意味着如果我们要去一家餐厅，那么我们可以作为一个团队前往，没有人会因财务状况而被排除在外。这可能意味着一些初级员工的津贴甚至比他们的薪水多，但是就一起工作而言这很重要。

我尽力传递国际管理集团的“勇往直前”的态度。如果我能看到有什么地方需要快速修补，那么我很乐意拿起油漆刷。人们的反应很惊恐——作为老板，我怎么可能做这种事？我说：“我可以，因为我只需要花10分钟就可以解决这个小问题，而你们正在忙其他事情。你们需要明白，如果我在英国，那么我也会这样做，比如从地上捡起纸片或者做其他什么事，我不会找一些初级员工来为我做这些。”

我们也灌输了极大的职业道德和注重细节的重要性，这两者都是国际管理集团的强大特质。每年我们都会发布一版印度板球超级联赛手册，而在发布之前，我会给某些人布置一项任务，拨通手册里每一个号码——其中有数百个号码①。投入时间和精力以灌输国际管理集团文化的原因有两个。第一个原因是，我们越是提高标准，回报给我的人才就越优秀。与我们合作的很多自由职业者都想回来继续为我们工作，因为我们对他们很好。国际管理集团在任何地方都非常受尊敬。在印度，我们收到上百份简历，我愿意与曾经为国际管理集团工作过的任何人一起工作。我知道他们拥有这种美好的职业道德，并且非常值得信赖。

第二个原因是，国际管理集团为人们提供机会。如果你接受机会，并将其转化为你自己的机会，那么你可以在职业上得到发展。我们在 1 月份发售印度板球超级联赛的特许经营权，90 天后我们举办了第一场比赛。在这 3 个月的时间里，我们制定了特许经营权的规定，售出了第一个特许经营权，进行了大规模的球员竞拍，并为第一场比赛制定了全部的联赛规章制度与场地设计。这完全是陌生的领域，但我被赋予操作它的机会——只要采取行动去做。

种瓜得瓜，种豆得豆。我非常幸运能够获得国际管理集团提供的机会，我希望将这些机会传递给那些与我一起工作的人。我真的相信有很多人通过我们得到成长，并因此成为优秀、强大的人。

——凯瑟琳·辛普森

每一次成功和失败都很重要

作为一名超级网球迷和一名高中球员，在青少年时期，我非常喜

① 拨打电话的目的是与合作伙伴（包括自由职业者）确定赛事细节、加强联络等，让他们感受到国际管理集团的企业文化（职业道德、注重细节、团队精神），从而增加合作的机会。——译者注

欢去温布尔登。有一次，我在那儿遇到了马克。马克对我说："跟我来，我们一起走走。"我们去了一个室外球场，看到一位年轻的澳大利亚球员正在接受托尼·罗奇（Tony Roche）教练的训练。我们坐在场边，看这名年轻人扣球看了一两分钟。然后，马克对我说："我们错过了签约他，但我们会得到他的。"

身为一个孩子，我很震惊。我心想："这就是马克·麦考梅克，经营着全球最大的体育公司，却仍然在温布尔登的球场徘徊，因为错失签约一名球员而失落。除了失落，他还在积极努力，包括观看这名球员的训练，争取签下这名球员。"真是太惊人了。对他来说，耸耸肩然后忘掉这件事是再简单不过的事——如果他一开始就知道这件事的话。这件事表明，如果你是老板，你在经营这家公司，那么对你来说，没有事情会因为太细小而不值得给予关注或者牵涉其中。更重要的是，每一次胜利或失败都很重要。马克是如此专注，以致他知道自己错过了这个球员，并且这让他感到失落。多年后，我也一样，每一点小小的胜利和失败我都感同身受，毫无疑问，胜利和失败都很重要。

——凯西·沃瑟曼（Casey Wasserman）

小智慧

即使以英语为首要国际商务语言，我的父亲也坚信，牢牢掌握另一门语言以及对其他文化的有意义的理解可以从业务中收获巨大利益。他还相信，简历上有一门外语会增加你被录用的可能性。我在大学时读过法语，这段经历足以改变人生。当奥运冠军琼-克劳德·基利成为1992年冬奥会组委会主席时，他请国际管理集团负责营销项目。国际管理集团把一个讲法语的团队借调到组委会，我

> 很幸运能够成为他们中的一员，从事有史以来最棒的职业，为最棒的老板工作。
>
> ——莱斯利·麦考梅克·加蒂

建立清晰的企业视野

纠结于日常的细节是企业常见的问题，该问题会阻碍你扩展视野，让你只见树木不见森林。马克用来对付这个问题的方法之一是创造一个他可以准确看到事态发展的企业环境。

20 世纪 70 年代末和 80 年代初，体育营销仍然处于萌芽阶段，市场上只有少数球员。国际管理集团占据统治地位，并持有良好的形象，但马克可以看到跨越不同管理部门扩大能见度的好处。很明显，除了马克之外，没有人察觉像基莉·特·卡娜娃、琼·施琳普顿（Jean Shrimpton）和教皇约翰保罗二世（Pope John Paul II）这样的人可以成为客户。他在国际管理集团建立了一个平展的地形，所有分部的情况对他和我们都是显而易见的。因为没有管理体制或垂直结构，所以你能看到正在发生的一切。跨越这个平展的地形，马克可以看到客户管理以及营销和授权许可等新兴市场的不同领域之间的协同效应。因此，网球运动员可以代言球拍、鞋子和衣服，但是他们是否可以代言手表和汽车呢？这对体育界来说是一个新概念，马克通过保持国际管理集团的开放性与可访问性，能够建立起这些关联。

马克可以看到，就像在体育界一样，艺术家和模特也需要在代言、日程安排和纳税申报方面获得帮助。即使是梵蒂冈，也会因在教皇巡回访问期间缺乏控制和组织而深受困扰。国际管理集团被用以运营复杂的活动，多城市教皇巡回访问也不例外。国际管理集团还提供了高品质的纪念品授权许可和营销项目，为教皇约翰保罗二世的英国访问带来了价值和威望。拥有清晰的企业视野以及支持公司理念的结构使得这种扩张与多元化成为可能。

——杰里米·帕尔默-汤姆金森

遵守道德规范，轻松入睡

当国际管理集团首次涉足模特行业时，在很大程度上它还不是一个真正的行业，有很多东西是存在疑问的。但国际管理集团向来是一个有强烈道德感的公司，一个总是做正确的事的公司。当我们第一次在巴黎开设办事处时，巴黎所有的其他机构都采取预付现金的方式来招募模特。这是公认的准则，人们广泛认为，不向模特支付现金对他们来说可能是个问题。当我的老板听说这件事时，他说："呃，我们不会那样做，因为这是非法的，我需要花 30 秒向他们解释为什么他们需要交税。"国际管理集团做所有事都是以正确的方式，并且这种做法来自上层。

马克以这种风范做事，了解到事情被正确处理后他会感到宽慰。你可以在晚上把头搁在枕头上，确信你采取了正确的行为方式，你坚持到底了，你是一个言而有信的人。他的商业道德水准非常惊人，而很多商业巨头一路以来似乎丧失了他们的一些价值观。我记得和我的父亲去餐厅时，如果服务员粗鲁或傲慢，那么他总是会说餐厅老板可能会让人噩梦连连。企业风范始终来自上层，如果你是一个好老板，那么你就不会有坏员工。

因为马克是一位有道德感的人，这种道德感渗透进公司，伴随着公司一同成长。国际管理集团模特部门的所有资深人员已经来到这里 20

年了，并在马克的领导下工作。他的道德方法在我们所做的一切事务中都是显而易见的。这是我们所有人的驱动力，也是我们成功的一个重要组成部分。

——珍妮·罗斯

不要忘记更广泛的利益

有些人试图通过谴责赞助体育行业并声称体育运动永远不会达到像商业一样的影响力，以证明他们以哲学作为支撑的体育方法。这些人往往是那些从来不知道下一顿饭在哪儿的人。

通过实现他为运动员所做的一切，马克常常将一个家庭中的三四代人从财务困窘中解放出来。当然，他会有一个权衡的判断。我们都熟悉这样的说法，“谁付钱给吹笛者，谁有权点曲子”。我们当然不希望花钱请人重编曲子，但我们往往忽略了像马克这样的人改变了个人与家庭生活的事实。企业就是企业，但是，通过正确的道德标准，企业可以而且必须成为一股善的力量。

——塞巴斯蒂安·科

发展期间，保持简单

在我国际管理集团工作期间，国际管理集团以惊人的速度发展，成为行业的市场领导者。在这个瞬息万变的时代，通晓事态发展可能是至关重要的。在财务方面，马克的应对方法是将复杂的事物提炼成简单的元素。

公司是阶段性发展的。当公司在发展时，在管理成本提高的同时，总收入增长比单个业务领域的盈利更重要。随着时间的推移，公司更看重净盈利，但在快速发展期间，这样做会对公司的企业文化造成负面影响。虽然公司的收入增长得到了管理，但是运营这些业务的人员不能真正了解其中牵涉的成本。财务团队为每位客户创建了双月度收入规划报告。马克对此进行了细致深入的审核。备忘录会被发出以核对细节，让每个人保持警惕，并激励人们继续发展我们的各项业务。

马克的成本管理集中在控制员工总数方面，这是一个非常简单的方法。当我被派去摩纳哥管理我们的办事处时，我发现了这一点。大约一个月后，我注意到我们的一位客户住在摩洛哥但经常出差，他会将自己的物品寄到我们的办事处。我们不得不分散精力去处理这些快递，所以我决定雇用一名兼职接待员。这似乎是一个微不足道的决定，仅涉及 1 万美元。

在与我的老板进行月度汇报时，我顺便提了一句，我正在招聘一名兼职接待员。他说他很高兴我提到了这个。他将与马克会面，届时他们将讨论员工人数，所以我给他写了一份备忘录。根据我所说的，他很确定雇用兼职接待员的决定能够得到批准。在我离开之后，除了对提出这个建议感到欣喜，我还在思考在这件事上体现出的公司管理方式。似乎很奇怪，公司的所有者兼总裁会参与我雇用一名兼职接待员的决定。我做出了许多更重要的决定，但员工人数是我们成本基数的主要驱动力。马克明白，如果他能控制员工人数的增长，那么他就能轻松地控制整个企业成本的增长。推动总收入的增长，重点关注我们从每项活动中获得的收入，并通过控制员工人数来管理成本。

这确实导致了一些问题——关注员工人数的增加意味着我们没有系统地审查过去的用工决策。但这是一种非常简单的管理企业的方法，允许马克把时间花在更有价值的地方。从中可以学习到的经验是，将复杂事物提炼成简单度量标准具有好处。虽然这些标准并不完善，但在一个快速发展的企业中，迅速做出 80% 的正确决定总好过花几个月做出 100% 的正确决定。

——彼得·格里菲思

管理自身发展

公司变得越大，你从决策者那里就能获得越多。我很幸运，我在国际管理集团工作了很长时间。我和我的老板——网球部全球负责人，一起工作了 25 年。虽然他身在巴塞罗那，但我们一直是同一个战壕的战友，所以对我来说，给他打个电话很容易。他参与了我们伦敦团队的发展，但由于我们所处的地理位置，他没有与团队成员有过多的接触。这是一支在伦敦从事两场活动的年轻团队，但随着团队成员的经验增长——我们希望他们得到成长，我试图给他们创造更多在海外效力的机会。如果我把团队员工推荐给我的同事，那么他们会听取我的建议。但这些员工需要走到他们面前与他们对话，并尝试建立自己的人脉。这就是为什么我鼓励我的团队成员每年都在温网期间前往国际管理集团的招待室。

我对员工说："你也许没有一个特定的任务，但无论如何你要对这样的安排倍加重视。你将受到欢迎，你将认识来自不同部门的人，更重要的是，可以在一个更为轻松的场合下了解网球部门的全球领导者。"如果他们自己负责建立这些人际关系，那么他们将更有条件抓住任何可能出现的机会。发展企业也关乎发展企业中的人才，鼓励他们在自身发展中发挥积极作用，这样的话，企业将充满生机。

——简·费尔盖特

永远不要停止学习

企业不断发展，我们也在要活到老学到老。即使在我职业生涯阶段，我可能每个月都会花一天时间来谋划自己的职业发展。我发现我知道的越多，懂得的就越少。商业正在发生变化，竞争日益激烈，技术正在突飞猛进。这些是当今所有企业的核心主题。为了在五年的时间内不被淘汰，我们需要不断质疑我们的实践和政策，以及加强开拓业务的能力，这些都是马克终其职业生涯所做的事。

我有一个全面的学习方法——阅读贸易杂志和参加研讨会。我是年轻总裁和全球总裁人际网络的一名成员。该网络是一个全球性组织，组织中的成员每个月都会碰面。当你处于领导位置时，这是一个可以谈论你手中的机会和问题的安全场所。当你在一个组织内时，人们不一定会告诉你所有你应该听到或希望听到的事。拥有外部顾问是非常有帮助的。

我也倾向于在体育界之外看看其他企业是如何打造自己的品牌的，这是我从我的老板那里学到的国际管理集团的特质。他会扔过来一沓关于一些公司的剪报，说它们正在做这些事，找出决策者是谁，让我们开个会研究一下是否有合作的机会。没必要目光短浅，只关注自己行业内部的焦点。经验可以在任何地方学到。

——斯泰西·阿拉斯特

强化信息

在国际管理集团工作一两年后，我接到一个电话，说马克想见我。当我问是关于什么时，我没有被告知任何具体事项，这立刻令我紧张起来，因为这不是公司通常的做法。当我们见面时，马克掏出一大堆我报销的单据。他浏览了一遍，然后问我给了多少小费。我说是消费额的20%。

“总是这么多？”他问。

“是的。这有什么问题吗？我以为本来就该给这么多。”

“我会给到消费额的15%~20%，”马克反驳道，“如果我认为我得到了服务员所能提供的最好的服务，我才会给20%。”

“不管是工作相关的开销还是私人生活开销，我都会给20%的小费，这么做有什么不妥吗？”

“可能会有。工作上就缩减到15%~20%吧。”他总结道。

马克安排那次会面并不只是为了讨论那些具体的开支，以及当我下一次打出租车时应该给多少小费。这是为了表明他注意到了细节，公司的所有事情都很重要，乃至付多少小费这种最小的事项。这让你保持警惕，让你知道公司的老板会注意公司里的细枝末节，并确保你也跟着这样做。这同样是一门关于服务的经验课程。事实上，我们也属于服务行业，期望人们为我们所提供的服务付费。为了得到更好的报酬，我们所提供的服务必须是客户满意的最好的服务。

——加文·福布斯

小智慧

我在马克的《成功秘诀》（*Success Secrets*）内部简报中读到的第一条商务妙招是关于回形针的。马克说，他每天都会收到附有回形针的邮件。他意识到，如果他将回形针取下来放进桌上的盘子里，他就再也不需要买回形针了。想到他甚至会考虑到这种小事，还把它写下来，我就觉得好笑。但直到今天，我在将任何一点纸扔进垃圾桶之前，都把回形针取下来，放进我桌上的一个盘子里。我在这里已经 25 年了，我从来没有买过回形针。每次当我想起马克的时候，我都会想这会令他多开心啊！

——珍妮·罗斯

让你的作风被感知到

有一次，我在法国网球公开赛期间，在马克的酒店房间里和他会面。当时，他与他的法国团队正在举行年度会议，讨论预算等问题。酒店房间是一间双人房，内置一把椅子。他正坐在一张床的床尾参与预算讨论。很明显，他们的总裁居于单人床的床尾让每个人都感到不舒服，他们不停地把那把椅子让给马克，但他拒绝了，表示他乐意坐在床尾参与讨论。

这是一个很棒的策略。首先，如果你的老板正坐在床尾，那么财务上的预算就很难得到扩大，这将使得预算讨论具有针对性。其次，马克在他自己有点朴素的双人房里举办年度会议，还有什么更好的方式可以表明马克对他的员工所期望的节俭程度呢？马克让人们感受到了他的作风，并强化了有关预算限制的信息。

——戴维·吉尔摩

快速检查企业的运转状况

当我最初在国际管理集团的初级职位上工作时，我的工作之一是监控进出伦敦办事处的传真。在电子邮件出现之前，很多信件都要通过传真进行传输。每天每一份进或出伦敦办事处的传真都会被送到马克的办公室。我的工作是快速翻阅它们，并抽出任何我认为会令人感兴趣的传真。这些传真可能是关于新业务的，也可能是一些看起来进展不顺利的事，或者是语气充满敌意的。每天我都会收到一堆待阅传真，我会从中抽取大约六份。

通过查看这些被选中的传真，马克对办事处正在发生的事有一个大概的了解。随着电子邮件的出现，一个核心的“文件中心”账户被创建用于相同的目的。员工被下令将所有外部电子邮件抄送给文件中心，这样马克就可以再次对正在发生的事了如指掌了。这是他快速检查的方式，即追踪每天发生的事，而不是依赖他被告知的事。

——凯瑟琳·辛普森

懂得何时终止业务

偶尔，马克也会引火上身。他对一位客户写的一部名为《美国英雄》（*American Heroes*）的音乐剧很痴迷。他同意制作这部音乐剧，并说服约翰·德洛雷安（John DeLorean）承销下它。音乐剧计划在西区演出，然后去百老汇演出。当德洛雷安遭遇困难致使马克陷入财务困境之际，我们正在美国为这场演出做准备。

我们四处奔波，试图为这部音乐剧筹集资金。几个月来，我非常努力地工作，试图从不同的投资方那里筹集资金。这激起了我们的斗志，但一直以来马克都在教我，你必须将情感与生意分开。在情感上，我们希望这部音乐剧能演出，我们投入了大量的时间来尝试。我们举办了一次极其出色的研讨会，但不幸的是，我们没有从百老汇大剧院收到任何邀请函，只有一家非百老汇场馆向我们发出了邀请。我们面临的经济状况是，在考虑剧院规模的状况下，每周运营演出的花费比我们可以赚到的钱更多。

事已至此，马克做出了一个更明智但更艰难的商业决策，他关闭了这个项目。这表明，虽然情感有助于产生创意和新项目，但你必须具备随时叫停项目的魄力。

事后，没有人被追责。马克既实际又现实，他不喜欢在任何事上失败，他是有史以来最争强好胜的人，但在这件事上他没有指责任何人，尽管这绝对是一次失败。有时候在生意上，无论投入了多少情感和财力，你都需要知道何时停下。失败只是业务的一部分，而从失败中吸取教训，尽可能干净利落地继续前行，这才是当务之急。

——霍华德·卡茨

第八章

点点相连

……与最优秀的人一起开始，从最优秀的人那里学习，稳步扩张……然后横向多元化发展。

正如马丁·索雷尔爵士在第七章提醒我们的，不是每个人都会同意马克·麦考梅克发展企业的个人方式。关键是要找到对你、你的商业理念和你运营的市场行之有效的发展战略。然而，我们所有人都可以从马克·麦考梅克对连接性、协作性和规划的关注上学到很多东西。企业发展往往是关于各因素的恰当结合或“联系”。第八章将提供很多关于如何将点相连的例子，无论是通过创造性地使用数据和信息的横向思维，还是与同事和伙伴协作。

某个年龄段的读者可能会记得风靡一时的电视剧《超级明星》（*Superstars*），来自不同体育领域的运动员在一系列运动挑战中互相对抗。迪克·奥尔福德讲述了国际管理集团如何将其赞助方、制作人与运动员的关系联系起来，让节目成为现实的故事——以最有创意的方式将点相连。

这是一个横向多元化发展的典型例子，即利用现有的业务经验和人际关系拓展到相关新领域的能力，这是马克·麦考梅克和国际管理集团用以产生巨大效益的战略。布雷克·麦考梅克回忆了他的父亲总是希望采用在某个地方行之有效的想法，并将它们复制到其他地方，无论这意味着转向另一项体育运动还是国际化扩张。尽可能**将你现有的经验和专业知识带入新市场，而不是全盘重来**。垂直多样化地进入对你来说少有立足点的新领域可能会更具风险。

协作和伙伴关系也是强大的发展战略，特别是在资源紧张的情况下，或者在你想利用合作伙伴的专业知识或市场准入的时候。室内网球赛事是闻所未闻的，更不用说在阿尔伯特音乐厅（Albert Hall）兴办了。但是，在与世界比洞高尔夫锦标赛成功合作的背景下，乔治·哈蒙德（George Hammond）解释道，乐福门烟草公司（Rothmans）被说服转而赞助一个新领域。对哈蒙德来说，这是马克·麦考梅克的愿景和远见能够将各方聚集在一起共同发展体育行业的一个实例。商业伙伴关系也是如此。布雷克·麦考梅克提醒我们，在合适的条件下，**共享所有权和分成收益除了是一种妥协，也可以成为一种积极的前进方式。**

托尼·高德希克认为，建立正确的联系不仅仅意味着与对的人交往，也意味着倾听他们，落实他们告诉你的事，并将所有这些与新的商业机遇联系起来。为了充分利用横向多元化，最好在恰当的时机**将正确的联系与正确的新机遇相匹配**。然而，充分利用这种联系需要规划、准备和运用到你可以聚集到的尽可能多的洞察力。阿拉斯泰尔·约翰斯顿很清楚，国际管理集团对数据的访问有助于它发展业务，特别是在体育管理初期（当时只有极少数固定不变的行业规范或标准）。正如国际管理集团的合恩角行动（Operation Cape Horn）所见证的那样，规划也可以赋予你对于暂缓扩张的深刻见解。**信息就是力量，**所以你要利用和分析你必须递交的所有数据以便领先于他人。发现将会指导你行动的模式和趋势。而且，如果一切都失败了，那么不要害怕向一位值得信任的熟人寻求建议。

协作发展也可以在内部被成功运用。加里·斯温（Gary Swain）证实，鼓励员工自己横向多元化发展对企业和个人都有好处。让员工参与决策，利用同行评议来管理风险，并确保员工能够接触到这些企业数据，特别是现金流和盈利。这一切都有助于点点相连。

将图片拼凑在一起

我离开过国际管理集团一段时间，去了肯迪德制作公司（Candid Productions），为两届奥运会花样滑冰冠军迪克·巴顿工作。迪克提出了开设一档节目（《超级明星》）的想法，这个节目将选出世界上最伟大的运动员。在一次午餐时，他将这个想法推销给 TWI（国际管理集团的电视制作部门，现在是国际管理集团媒体部）的巴里·弗兰克，巴里也看到了其中的潜力。当时，如果巴里没有带来赞助，那么电视制作部门对任何想法都不会感兴趣。国际管理集团有一个赞助商关系网，巴里的下一站是方牌滤清器（Fram Oil Filters），这家公司希望更多地参与体育运动。巴里带着赞助商前往美国广播公司，那里的关系早已被打点好。他被告知这是一个很好的创新想法，但是顶级运动员们是不可能答应的，因为他们不希望被看到输给同辈人。

巴里的回应是，整理出一份当时世界上 25 名最伟大的运动员名单。他对美国广播公司说："如果我能让名单上的 10 个人出现，你会同意播出吗？"美国广播公司刚刚失去了全国篮球联赛的播出版权，所以它的冬季日程表里空出一个待定的位置。在概念、制作（通过 TWI）、赞助和电视网络全部就位后，敲定参赛运动员名单只是小菜一碟。最初计划参加竞赛的 10 名选手，大多数都是国际管理集团的客户。

当节目首播时，它立刻被证明是成功的，并迅速发展成为一个系列品牌，衍生出国际版和团队赛版。这是一个典型的例子，说明了将图片拼凑在一起的力量。将国际管理集团的利益关系扩展到多个相关领域意味着看似不可能的生意也许是可以实现的。

——迪克·奥尔福德

没必要全盘重来

我的父亲一直在寻找机会，采用在某个地方行之有效的想法，并将这些想法复制到别的地方。他最初的成功来自代理职业高尔夫球手，但他很快转而代理网球运动员，最终变成代理世界上绝大多数运动项目的运动员。同样，一旦他的业务在美国成功运行，他就会开始考虑如何在国际上进行扩张。

在亚洲运营国际管理集团业务时，我与我的父亲频繁出差。凭借他的声誉，当我们前往印度、中国、泰国或韩国等新的领域时，我们能够以最高级别举办多次会议。在这些会议上，经常会有一项议程，比如如何出售该国即将举办的重大活动的赞助权。但更常见的是，他会以开放的态度来参加会议，准备好“积极倾听”。通常，他心中会有一些想法，但他不会通过陈述自己的想法来引导会议。这些想法就像他箭筒里的箭，如果对方提出了一个目标，或者一个优先事项，而他的一个想法可能对其有所助益，那么这个想法就会看上去像自发的建议那样被发射出去。这些“新”想法的基础多半是在另一个市场运作良好但在我们访问的新兴市场尚未尝试过的活动或概念。

我见证了这种战略令不止一位顾客印象深刻，这也是我自己在尝试使用并且让我们的整个销售团队尝试使用的战略。在我们的亚洲年度会议上，我们的主要任务之一是利用我们现有的知识，为每个市场可能举办的新活动集思广益。我们为各种想法创建了费用预算，这有助于确定我们需要从冠名赞助商那里获得多少资金才能获利。一旦我们听到顾客描述的目标，而这些目标通过我们事先准备的提议也许能够实现时，我们就可以提出一个包含成本预算和工期预算的“自发”的想法。它不仅令人印象深刻，而且还使我们能够迅速进入下一个阶段。每次利用现有的经验而不必全盘重来，给我们带来了重要的竞争优势。

——布雷克·麦考梅克

横向思维

在国际管理集团工作的前 9 年，我的大本营在克利夫兰。我当时正在考虑我的未来，以及我接下来应该做什么，我的想法是回达拉斯并开设国际管理集团在那儿的第一家办事处。我向我的老板鲍勃·卡因提出了这个建议，他要求我拟一个商业计划。我遵照执行，并等待消息。后来，在温布尔登的一天晚上 7 点，鲍勃说：“你的商业计划准备得如何？我们要在明天上午 10 点见马克，他想听听这个计划。”

所以我那天晚上熬夜，仔细检查了这个计划。当我第二天走进房间时，马克说的第一件事就是：“为什么是达拉斯？”我解释说我在那里长大，并且在达拉斯的体育管理行业工作了 7 年。我在那儿有很多熟人，而且西南地区对国际管理集团的业务发展来说是一个巨大的市场。他说：“你对芝加哥有什么看法？”当我回答“为什么是芝加哥”时，他继续说道：“呃，这是一个更大的城市，我们在那里已经有一个国际管理集团办事处了，你可以经营那边的一些活动，包括美瑞杯（Ameritech Cup），这是一项女子网球协会巡回赛。你怎么看？”我说：“那就芝加哥吧。”

马克总是在想法上领先你一两步。他在考虑对我来说什么是最合适的，以及如何更好地让我在国际管理集团取得成功。他接受了我想做的事，并想出了国际管理集团可以实现这一目标的最佳机会。他知道我除了代理客户外，还运作了一些项目，并且在新办事处拥有极少帮助的情况下，我不可能轻松完成任务。我没有想过芝加哥，但结果证明它对我来说是一个更好的机会。

在我加入国际管理集团之前担任的职务并不是我所期望的——我一直在达拉斯的一家体育管理公司工作。1981–1986 年，我打造、推广并筹办了约翰·麦肯罗网球巡回赛（John McEnroe Tennis），以及在美国 90 个城市举办的 99 场一夜式巡回展。我还运营了美国男子职业篮球联赛巡回赛（NBA Basketball Tours）和其他职业网球巡回赛，所以有人问我是否可以制作一个花样滑冰巡演。

我对花样滑冰知之甚少，但国际管理集团代理了多萝西·哈米尔（Dorothy Hamill）和斯科特·汉密尔顿（Scott Hamilton），他们都是奥运会金牌得主。斯科特最近与白雪溜冰团（Ice Capades）签了一份合同，但他对不得不佩戴羽毛装饰与卡通形象蓝精灵一起滑冰感到不满。鲍勃·卡因当时是国际管理集团冬季运动部门的负责人，他与斯科特一起设想并制作一部类似于百老汇作品的节目——伴有炫目的灯光、精彩的音乐和舞蹈编排。鲍勃说，这个项目拥有巨大的投资潜力，而且有了必要的资金支持加上我的经验，国际管理集团会让巡演成为现实。他说服了我。我于 1986 年加入了国际管理集团，并在当年晚些时候制作了我们的第一部冰上之星巡演。30 年后，巡演仍在继续。作为联合执行制作人，我有机会成为真正了不起的东西的一部分，这是我绝对想不到的。问题是，国际管理集团看到了你的潜力，并在你从未考虑过的领域锻造你，横向思考发展企业与个人。

——加里·斯温

合作的力量

如果你有发展公司的远见，但没有资源，那么合作可以带来巨大的收益。

在烟草广告被禁的前几年，烟草公司处于体育赞助的最前沿，它们有着看起来似乎无穷无尽的预算。英国烟草公司乐福门的总裁要求我组织一场高尔夫比赛，这是我以前从未做过的事。比赛顺利结束，马克的客户杰克·尼克劳斯也参加了这场比赛。不久之后，马克过来和我见了面。

马克建议，由于比赛进展顺利，乐福门应该组织一场比洞赛，因为这是英格兰最受欢迎的高尔夫球赛形式。我回答："不是有一个类似的比赛项目了吗？我看到过关于世界新闻报比洞赛的新闻。""不，"他更正道，"我的意思是举办一场世界级的比洞赛，我保证阿诺德·帕尔默、加里·普莱耶和杰克·尼克劳斯都能参加。"那时欧洲球员并不多，也没有美国高尔夫球手来英国，所以这个想法很令人兴奋。我在乐福门的总裁欣然同意了这个想法。于是，我将温特沃斯作为比赛场地，世界比洞赛就此诞生。

我们成立了一个委员会，委员会成员由皇家古典高尔夫俱乐部、美国高尔夫协会的代表以及马克组成。马克会提出关于赛事如何运作的建议和想法，我总是乐于倾听。马克认为这是一项世界级的赛事，他提出了八人场的概念，并邀请重大赛事中的获胜者参加。由于马克做了策划，并且阿诺德和加里都认为这是一项很棒的赛事，于是比赛的气氛在职业人士中传播开来。每位职业人士都希望获得邀请，赛事名声大噪。这些球员坐头等舱飞过来，入住泰晤士河沿岸萨伏伊酒店的河景套房，由专职司机驾驶的戴姆勒汽车带他们参加比赛。这一切都提高了赛事的声誉，比赛从一开始就取得了巨大的成功。

当我在 1977 年离开乐福门时，由于我们的一位新首席执行官不喜欢任何形式的赞助，所以这项比赛濒临中断。我对马克说："比赛应该是你的。"国际管理集团在那时已有自己的赛事活动分部，于是他们接管了比赛。最初，马克找到高露洁公司（Colgate）赞助比赛，然后找到了三得利威士忌（Suntory whisky）赞助比赛。当时，马克足够有名气，并受到广泛尊重，他能够直接与一些首席执行官讨论赞助事宜。

网球也是如此。我们根本不赞助网球，但是马克建议我们在伦敦举办一项赛事。当我回答说除了温布尔登之外没有其他地方可以办比赛时，他说你为什么不去室内，随后又漫不经心地加了一句，为什么不去阿尔伯特音乐厅呢？他说，这应该是一场吸引老牌明星的赛事，而不是那些在温布尔登打球的年轻人。室内网球在英国闻所未闻，但我们做了考察并决定继续干下去。该赛事成为乐福门室内网球赛（Rothmans Indoor Tennis），现在被称为冠军网球赛（Champions Tennis）。虽然国际管理集团没有参与组织比赛，但它能够再次提供一些前顶级冠军球员，比如罗德·拉弗（Rod Laver）。当我们放弃这项赛事时，没有资金转手，而马克接手恰是最合乎逻辑的。

在整个行业中，马克看到了合作对每个人的好处。他负责改善体育机构与电视公司之间的关系。他确保每个人都满意，并且为了所有人更大的利益，他发挥了巨大的作用将不同的元素聚集在一起。马克可以看到，最广泛的电视覆盖对体育的有利之处。早在 20 世纪 70 年代，在天空电视台问世之前，马克就向英国广播公司户外广播负责人建议，英国广播公司应该设立一个专门的体育频道。该负责人认为这是一个好主意，但他的老板却拒绝了，说这个想法绝不会成功。如果英国广播公司有专门的体育频道，那么众所周知的天空电视台将不复存在。马克有远见卓识，他希望带领每个人来扩大竞技场的规模。这种创造性的协作思维是国际管理集团成功的根基，也是所有类型的组织可以借鉴的典范。

——乔治·哈蒙德

有时候两方胜于一方

我的父亲总是强调赛事的商业潜力。比如，他会说，比约恩·博格可能会行大运，但温网不会。代理一项赛事是向前迈出的很好的一步，但这不代表能完全掌控赛事，代理权甚至可能会被剥夺。这就是为什么我的父亲想创办和建设国际管理集团自己的高尔夫赛事，比如世界比洞赛或邓希尔杯（Dunhill Cup）。鉴于我们的客户群、我们的电视机构合作伙伴以及与潜在赞助商的良好关系，国际管理集团这么做是再合适不过的。

理想的状况是，拥有一个合适的冠名赞助商，它的存在不仅仅是为了支付费用，但我们也希望与管理机构合伙经营赛事。在我起草国际管理集团与欧洲职业高尔夫球巡回赛（PGA Tour）之间的协议时，我的父亲强调，这份协议必须以一种令我们永远成为合作伙伴的方式起草。我们可能会在头几年有所亏损，但他确信，与除美国职业高尔夫巡回赛之外最重要的高尔夫巡回赛成为合作伙伴，在未来将是非常宝贵的。无须多言，他是对的。

另一个重要的举措是与赛事的冠名赞助商形成合作关系。通常，如果有一个优质的冠名赞助协议，那么这项赛事会赢利。然而，二级赞助商往往对盈利做出重大贡献，有时候冠名赞助商与二级赞助商的愿望之间存在着紧张关系。缓解这种紧张关系的一个方法是，让冠名赞助商成为我们的合作伙伴。我们将与冠名赞助商分担赛事预算，包括我们用以支付日常管理开支的合理费用，但我们之后会共享来自二级赞助商的收入。这样我们的利益就完全一致了。在某些情况下，做好分享所有权和业务收益的准备是向前迈出的积极一步，这不是妥协。

——布雷克·麦考梅克

追求长期合作

我在国际管理集团之外的商务活动中掌握到的最重要的事就是如何与赞助商签约。我曾经在国际管理集团的走廊上碰到马克，他问我，我为各种活动寻找新赞助商这件事进展得如何。我回答，事情进展得很顺利，我们势如破竹。他说：“太棒了，不过始终要记住，这项业务最简单的部分是获得赞助商，最困难的部分是留住赞助商。一旦你举办了会议，完成了谈判并确保了赞助，在这之后不仅仅要把发票拿给赞助商，你必须应对赞助商的期望，定期与赞助商接触，并让赞助商感受到它们做出的决定是正确的。”

他是对的。达成交易往往很容易，而保持交易需要更多的工作和努力。这是我经常对我的年轻管理人员说的话。我告诉他们，制定日程表，并在上面标注出他们将与赞助商进行联络的日期，因为如果日期没有被记录下来，那么这件事就不会成为现实。当你致电某个赞助商的日子到来时，你也许没有什么可说的，但你仍然可以拨通电话说：“我只是想和你确认一下，看看是否一切都好。”事情虽小，可意义非凡。进行创造性思考看看是否有一些赞助商感兴趣的东西，这一点值得鼓励。怀着渺茫希望打电话过去并建议：“我这儿有个想法，我只是想告诉你一声。这个想法可能不适合你，但是……”这表明你正在为赞助商努力工作，并且在合同范围之外为它们做考虑。

在活动结束后，你可以送一些花、一盒巧克力或一封感谢信给赞助商公司中所有为活动成功举办而投入辛勤劳动的人，这不用花费什么精力。我还会将活动当天的照片装进相框送过去，或者为赞助商公司的老板制作一本小相册。这一经验直接出自麦考梅克手册，而且非常有效。长期保持业务关系需要担当、关注细节以及发现新方法以发展人际关系的决心。

——尼尔·霍布迪

建立联系

马克经常会在活动中给人们拍照，然后将照片发给他们，即使他只是刚刚与这些人相识。他告诉我，他这样做是因为照片会成为一段愉快时光的美好回忆，并且这也是一个友好的姿态。这些照片也会被送去他们的办公室，他知道当他们拿到照片时，他们会把它放进办公桌里。他希望当他们打开办公桌抽屉时，他们会看到照片并想：“你知道吗，自从那次活动之后，我还没跟马克讲过话。他真是个不错的家伙。我要打电话给他，跟他做一些生意。”

无论什么时候打电话给马克，你总会收到某个活动的邀请，并且某些东西将自此而出。他擅长将有影响力的商界人士带入他的世界。他发明了企业招待会。他是该招待会的建筑师和创造者，并且他能物尽其用。他为他的世界带来了如此多的人——客户、商界人士、政客、体育人士、赞助商。他简直是个天才。

他发现了一种从任何与其接触的人那里探出重要情报的方法，这引发了与他们做生意的机会。他善于以温和的方式询问事情并提出问题，然后在谈话过程中处理他所接收到的信息，并思考将这些信息用于世界上别的地方的其他业务。我已经掌握了这项技能。多亏我在国际管理集团度过的这些时光，我与世界各地的人建立了如此多的牢固关系。当我与人们见面时，我倾听他们说的一切，处理并存储这些信息。我可能无法立即使用它们，但它们完全可以引发一笔生意。建立正确的联系并不仅仅意味着与合适的人接触，也意味着倾听他们，处理他们告诉你的信息，并将所有这一切与新的业务机会联系起来。

——托尼·高德希克

小智慧

我的老板曾要求我把他在某个场合应该做的事总结成一句话。我艰难地执行这项任务，花了很多时间试图解决该说什么。最后的结果是一个8行的句子。这是一门关于简明、扼要的重要性的课程。能够看穿核心问题，并以准确简明的方式表达清楚，让一个无人涉足的领域变得清晰，这是一项真正的技能。我在之后训练自己达到这项技能。

——蒂莫·卢姆

密切关注你的竞争对手

我在1970年成立了普罗舍夫公司，最初是代理网球运动员，比如亚瑟·阿什和斯坦·史密斯（Stan Smith）。当时，国际管理集团侧重于代理高尔夫球手，我们不是直接的竞争对手。但随着业务的发展，我们的业务有了越来越多的重叠。马克和我互称对方为“友好的竞争对手”。我们每年秘密会面两次。会面背后的想法是，确立我们可以相互竞争，但必须遵守某些可以影响我们行为的道德准则。拥有这种理解是非常有益的，并且这也定下了一个良好的基调。这意味着，马克对待我的方式不同于后来进入该领域的其他竞争对手。这也使我们能够就一项对我们的行业产生巨大影响的重大诉讼展开合作。

这起诉讼的对方当事人是男子国际职业网球理事会（Men's International Professional Tennis Council）。该理事会是如今职业网球联合会董事会的前身，并且实际上运营职业网球比赛。沃尔沃是普罗舍夫公司的客户，普罗舍夫公司认为沃尔沃受到了男子国际职业网球理事会的歧视，并且因失去对男子职业巡回赛的赞助而发起诉讼。但是，这场“战争”变得更像是一场强权行为，男子国际职业网球理事会越来越警惕代理商在代理球员、活动和电视节目中所扮演的角色。

我飞往弗吉尼亚州的诺福克，与马克在机场见面。马克下了飞机，对我说：“在转机之前，我还有19分钟。”于是我说：“马克，这是照片。我们正在起诉男子职业网球理事会，它企图把代理商踢出局。它将试图强制执行，并且表示如果你代理人才，那么你就不能代理活动。我认为，我们应该在诉讼中联合起来，使我们的力量增强一倍。这将是一个庞大的反垄断案，需要花费很长时间并且花销很大。”他问了我几个问题，然后说：“我会加入诉讼，我们将分担律师费，我们会在华盛顿使用你的反垄断律师事务所。但是，我有一个条件，你不能看我的卷宗中的备忘录，我也不会看你的。我们把备忘录和我们的业务分开。”我欣然同意。

在那19分钟内，这件事就定下来了。这是一个大动作，也是一次重要会面。双方作为原告一起加入，然后被男子国际职业网球理事会反诉，指控我们“对运动员从摇篮到坟墓行使广泛权力”。

这起诉讼案最初被法庭驳回，但几年后，我们赢得了诉讼。这是一场在网球上的巨大胜利，它使代理商能够像今天一样经营运作。如果我们没有赢，那么我们的业务就会减少一半。即使是竞争对手，如果没有协力合作的能力，那么谁知道结果会是怎样。

——唐纳德·德尔

人情味

1992年，我负责国际管理集团布鲁塞尔办事处，这是一个非常小的办事处。马克被邀请来布鲁塞尔的一个会议上讲话。他打电话给我说他会过来，并打算和我一起待上一两天，所以我应该安排好与他在一起的这段时间。我安排了一系列半小时会议，参加会议的是布鲁塞尔当地企业的总裁和首席执行官。这些人非常欢迎马克来到他们的办公室，对我来说，他们在如此高层的场合对我敞开大门真的是太棒了。能够直接参加这种高级别的会议，而不是依靠自己逐步晋升而参会，对我来说节省了很多时间。其中一次会议是与敦豪国际快递公司（DHL International）的首席执行官的会面，我们在著名的黑松露餐厅（La Truffe Noire）会面，我们在一种非正式的氛围里交谈了90分钟。与之前的会议相比，我可以察觉到形势产生了变化，我决定抓紧时间提出一个想法。网球选手吉姆·库里耶（Jim Courier）刚刚成为世界排名第一，所以我建议，作为世界第一的快递公司，让排名第一的网球选手担任其形象大使，这对敦豪快递公司来说是一件好事。我们可以围绕赞助、代言、专场表演和招待会进行沟通，我对此津津乐道。这位首席执行官转向我说："我喜欢这个主意，但是我们公司不是一家库里耶公司。"[①] 这时，马克突然大笑起来，在那一瞬间，一段关系继而形成。这对我来说很有说服力。我们与库里耶和敦豪快递都保持着良好的长期合作关系，但是如果没有那段特别的时光，没有那顿晚餐，那么我们也许不会达成这笔交易。

我明白，当你在国际上做生意时，你不会让顾客坐在你的电脑后面，你需要创造那些特别的时刻，因此你需要更多地走出去。每年，我花费在路上的时间超过了 200 天。我提前计划，想着"我可以和谁一起吃午餐"，我打电话给我们当地的办事处，请办事处以和我一样的方式安排会议。我一直在盼望创造那个特别的时刻。

当我和我的销售团队会面时，我的问题永远是："你们这个月见了谁？你如何通过向同一个人销售同样的产品来发展业务？"你需要发现新产品和新客户，而你只有通过走出去，与人们见面并建立关系才能做到。电子邮件和社交媒体的世界让人们之间的联系变得更加简单，但人情味仍然是无法替代的。

——米歇尔·马斯奎里尔

计划很重要

在 20 世纪 90 年代早期，和许多高层管理者一样，马克正在苦苦钻研将业务扩张到拉丁美洲的想法。如何开展业务并进军新大陆，以及如

① 库里耶的英文为 courier，也有"快递"的意思。此处一语双关，有幽默之意。这位首位执行官的另一层含义是它们不是库里耶公司，而国际管理集团是来推销宣传库里耶的公司。——译者注

何探究这些未被开发的潜力，对企业来说是个未知数。马克的做法是合恩角行动。

三四名国际管理集团高管被召集到一起，他们在超过六个月的时间里，计划对该地区进行一场同步的“逐国进攻”。每个国家将由一个人或一个小团队进行为期三周的访问。我是被分配到墨西哥的三人小组的成员之一，我们的职责是与感兴趣的人会面，以确定可能存在的机会。在这三周里，我们每天都被安排了会议，通过接触现有客户以及与国际管理集团的顾客，寻求他们的帮助，请他们将我们引荐给他们在拉丁美洲的同事。我们现有的人脉对这个项目很感兴趣，他们非常愿意提供帮助。计划一丝不苟，三周内的每一个小时，甚至预订餐厅的时间都被计算在内。在每次会面前，我们都要阅读相关资料，然后我们必须到场，积极配合并表现出极大的兴趣，并写出关于可能存在的机会的详细报告。这是一项了不起的任务，从玻利维亚到巴西，跨越了该地区的每个国家。

最终，当时的决定是，唾手可得的机会很少，不足以证明在整个南美大陆开设办事处的合理性。在墨西哥、巴西和阿根廷，我们决定与一些公司的员工保持密切联络，在有选择性的基础上继续发掘机会。没有合恩角行动，我们就不知道如何着手。我们没有在我们自以为是经济发展区的地方开设办事处，这种目标明确的方法为国际管理集团节省了数百万美元，更不用说所节省的时间和精力了。两个关键的好处是，知道关注何处，以及知道不关注何处。这在优化稀缺资源（时间和金钱）方面表现得非常出色。事实证明，事先对计划一丝不苟的投入必将获得回报。

——安迪·皮尔斯

小智慧

曾经有一位重要的商业领袖告诉我，我应该多笑一笑。这条看似简单的建议实际上相当严肃。他说，如果他皱着眉头走出会议室，那么他的公司股价可能会直线下跌。我现在尽可能多地微笑，即使我很焦虑。我要积极乐观，并且让人们知道我热爱我的工作，这是我作为领导者的责任，虽然我并不总是能做到，但这是一条非常重要的经验。

——金墉

信息就是力量

我们设法将国际管理集团发展到眼下规模，从根本上说，这是随着我们对更多数据的访问而变化的。我们领先于我们的竞争对手，并且我们拥有的客户越多，我们就越能精确地预测成本和收入。这为我们参加的谈判提供了巨大的优势。企业必须学习如何对它们的产品估价，但在最近形成的体育营销世界中，没有任何指南对确定达成某笔交易的价格有帮助。唯一有效的工具是经验，我们做的交易越多，我们就越能够以对我们与另一方现实且公正的方式来为交易定价。企图与我们竞争的人偏执于低估或高估他们的客户，因此无法达成最完美的交易，而我们可以有效定价。

当泰格·伍兹于 1996 年转为职业球员时，这种对数据的使用产生了巨大的效果。我们与耐克做了一笔大生意。我们有与公司签下合同的网球客户，从之前与他们打过的交道中，我们很清楚他们想要进入高尔夫球场。与花费时间、成本和精力以开发可以为他们带来市场可信度的高尔夫设备相比，与泰格·伍兹的交易将使他们立即获得高知名度。他们知道泰格·伍兹是世界上最好的球员，并且他们已经准备好为快速品牌知名度支付巨额资金。我们完全明白这对他们意味着什么，以及在这种情况下，报价多少是现实的。

马克敏锐地意识到信息的力量，早期，我们每一封邮件的回执都必须复制给他。他还要确定我们的信息绝不会落入不法之徒的手中。我必须确保风险得到有效控制，并作为马克的企业侦探以某些方式参与进来。虽然会议记录必须复制并分发给很多人，但我们对每一份副本都做了一些手脚。如果在公司外发生泄密，那么这将是有迹可循的。

这是一项极端且轻微偏执的措施，但它反映了公司发展中的某一点。在我们刚起步的时候，信息为王，这是令我们保持领先一步的关键因素。随着公司的发展，马克的信心和理解力也得到增强，他必须信任他人，并且拥有包容性而不是排他性。这是学习曲线的一部分，也是建设国际管理集团的重要一步。

——阿拉斯泰尔·约翰斯顿

小智慧

绝不在电梯里讨论生意，这是马克给我的最好的建议。你永远不知道你身边站的人是谁。“我无法告诉你我在电梯里听到过多少有关我自己公司的事。”他说。

——迪克·奥尔福德

做好准备

亚伯拉罕·林肯（Abraham Lincoln）有一句语录是，“如果给我6

个小时砍树的时间，那么我会花 4 个小时磨斧头”。我喜欢这句话，因为它告知我们要预先做好准备和三思而后行。与马克打交道时，这句话令我受益无穷。

马克常常很早起床阅读文件并打电话。他会在周日晚上查看所有传来的赛事比分和结果，以及它们对世界排名的影响。我会在他给我打电话前抵达我在伦敦的办公室，并且在上午 9 点左右，也就是马克的美国时间早上 4 点接到电话。他会省去寒暄，直截了当地说：“某某客户在瑞士大师赛（Swiss Masters）排名第八，那么他在世界排名中会有什么变动，这是他的最高排名吗？”

他在一夜之间阅读完所有这些统计数据和结果，并想得到答案。值得注意的是，即使在互联网出现之前的日子里，没有谷歌或赛事网站，马克仍然设法从报纸和电视上搜集他所需要的信息。我清楚地记得第一通他在周一早上打来的电话，尽管我在高尔夫的第一线工作，但我认为他在他提出的前四个问题中所掌握的信息比我还多。一个教训就够了。从那时起，我会确保我在周日晚上拿到统计资料，并在周一早上早早做好接听电话的准备。如果他没有打电话过来，我总会有点失望。

对我来说，这在如何做工作方面是个非常好的经验。我明白，可以像我所希望的那样做好准备的唯一方式就是早起。现在我在早上 5 点起床，我用两个小时了解信息、阅读并做好迎接新一天的准备。随后，我可以在去办公室之前与家人共进早餐。以前，我不是一个习惯早起的人，但我发现早上是非常宝贵的，现在我身处的岗位，意味着我要处理亚洲事务、美国事务和欧洲事务，清晨时光对我来说尤其宝贵。如今，我期待我身边的人也能够随时做好准备。如果我的员工不能为一场会议做好准备，那么我一定会严厉惩罚他们。

——盖伊·金宁斯

小智慧

加里·普莱耶曾说过："我工作越努力，我就越幸运。"这也是我祖父最喜欢的语录之一。在签下帕尔默、普莱耶和尼克劳斯作为他的第一批客户之后，他首先就承认了运气在创办国际管理集团中发挥的作用。不过，他也为自己比国际管理集团的任何人都更加努力工作而感到自豪。他曾告诉我，他喜欢在早上4点起床，并致电伦敦办事处的管理人员。在被告知他们尚未到达后，他乐于给他们留下他的纽约电话号码，并留下信息要求他们回电。

——克里斯·麦考梅克

当你需要正确的建议时，找到它

经验比任何东西都强。如果你发现自己处于未知领域，那么向曾经涉足这一领域的人寻求建议将比试图独自战斗到底更有效。

2002年，国际管理集团受到了来自其银行家的压力。公司获得了印第安韦尔斯（Indian Wells）网球赛举办权，并积极参与建设一个新网球场。公司还买下了纽约时装周（New York Fashion Week）举办权，但由于"9·11"恐怖袭击事件的悲剧，公司不得不取消这次活动。应该从一项成功的活动中流入的现金，正在流向另一个方向。马克运营公司是为了扩大其国际影响力和市场支配地位，不是为了赚钱，并且他利用银行借款来实现目标。直到2001年年底，银行家们一直对这种状态表示满意，但现在他们希望国际管理集团偿还贷款。这该如何回应？

银行家们认为，通过宣布贷款协议出现技术性违约，他们可以迫使国际管理集团进行某种形式的资本重组——也许是从现有股东那里获得股份偿还，这会令他们“感到放心”。马克不会答应这样的事情。然而，就像我们其他人一样，他没有对付不满意的银行家的经验。

在这种压力之下，马克邀请我与赫布·西格尔（Herb Siegel）共进午餐。当时，我不知道他心里在想什么。我知道赫布曾成功地将克里斯-克拉夫特工业公司（Chris-Craft Industries）从一家游艇制造企业打造成为一个传媒帝国。我想，马克也许要跟赫布讨论投资国际管理集团，而这是他最不可能想到的事。他知道赫布有站在我们的处境上与银行打交道的经验，他想知道如何去对付这帮银行家。

马克要求我详细叙述国际管理集团的现状。我描述了这个 15 人银行集团的情况，我们对现金操作的依赖，我们多元化的全球业务及其复原力，但也有伴随着国际管理集团的活动所产生的问题以及银行家们的不安。

赫布认真地听着。他说我们免不了遭遇一段艰难时期。银行家们会尽其所能地向我们施压。不过，赫布表示，银行家们希望得到偿还的唯一方式就是国际管理集团继续有效运营。赫布让我在会议上认真听取银行家们的话，同时尽可能积极地做出回应。然后，当需求超出我们的接受范围时，我只需坐在椅子上盯着自己的鞋子。我们处境艰难，但我们只能做我们能够做到的，没有更多。

这是一个具有启发性的建议，这是一条来自成功挺过类似境遇的人的忠告。赫布建议我们坚持自己的主张，而不是被迫接受我们从根本上反对的东西。在我与马克的相处中，他总是能找到一个答案——在这种情况下，是从他那些既有经验又睿智的人脉那里找到的答案。采纳赫布的建议的结论是，我们争取了更多的时间来处理问题，同时不被外界察觉（如果我们不得不进行资本重组，那么外界必定会得知目前的情形）。我们尽我们所能地回应对方，然后“盯着我们自己的鞋子”。

——彼得·库恩（Peter Kuhn）

利用同行评议以减低风险

为确保某些权利而对提供大量财务担保的需求，是国际管理集团随着时间发展不得不频繁面对的一个问题。我们在商定好的佣金基础上代理权利持有者，并且相应地，担保他们将收到一定的最低金额。如果我们掌握了可靠的数据与信息，那么这不是问题，但如果没有的话可能会存在风险。

在一个令人难忘的场合，我的父亲在报纸上读到，我们的一名足球部门高级管理人员为了部门的权利向国际足联担保了 10 亿美元——这是他第一次听说这件事。拿公司下赌注是一回事，但在不先征询公司所有者意见的情况下这样做，那又是另一回事了!

事实证明，这次下注并不是胜券在握的。这名高级管理人员的做法突出显示了一种公认的但不正规的操纵手段。他知道虽然可能性微乎其微，但一旦国际足联与我方开始有诚意的谈判，他将有足够的时间从公司获取对这次担保的正式批准。

但是，这件事有助于阐明管理和控制大型风险的必要性。当公司和员工的利益并不总是完全一致时，对制度与审核的需求变得更加强烈。如果国际管理集团做了很大的担保，并且一切顺利，那么对此负责的管理人员有理由期待获得一大笔奖金。然而，如果公司出现任何问题，并且如果公司最终损失大量资金，那么很多人可能会被扣除奖金，而相关管理人员很可能仍会收到薪水。最糟的情况是，整个公司可能毁于一旦。风险并不是均衡的，随着公司的发展，更多的管理人员正在提供担保。很明显，要想解决这个问题，制度必须被落实到位。

解决方案是，成立一个必须对任何担保进行签字同意的高级执行委员会。这确保了在下大赌注之前，高级管理人员之间需要达成共识，而不是将责任落在一个人身上，这让我们最有经验的管理者有机会提出质疑，并在一切为时已晚之前，弥补拟订计划中任何明显的缺陷。管理人员的建议很少被驳回，主要是因为他们拟订的计划在提出之前就得到了大多数高级管理人员的支持。但是，这个制度让每个人在冒风险之前都能稍微停下来思考一会。对同行的责任感越大，获得的关照就越多。

——布雷克·麦考梅克

采取协商一致政策

在国际管理集团，有段时间我在行政事务委员会任职。我们开会决定了削减成本的措施，以减少公司的开销（主要是差旅费）。随着管理人员在世界各地出差，我们在机票和酒店上花销很大，因此我们正在寻找降低成本的方法。在我参加的第一次会议上，我们讨论的焦点是机票和公司航空里程。马克对我说："加里，你对公司使用员工获得的免费航空里程怎么看？"他还提道："如果我因为搭乘的航班总量而获得了5万英里的免费旅程，那么公司是否可以占用这些免费里程并以商务目的使用它呢？"我说："我认为这不是一个好主意"。"为什么？"他问道。我说："因为没有公司账户这种东西。员工拥有可以赚取免费里程的个人账户，你从中抽取员工的额外补贴，这将对士气不利。不值得通过损失士气和信誉来为公司获取成本收益。"

马克采取其典型作风，他没有搁置这个问题，而是问我的解决方案是什么。我建议："如果一名公司高管持有足够的航空里程，比如说一张价值7 000美元的商务舱机票，并且该高管有权搭乘商务舱，那么公司应该允许该员工使用这些里程来购买机票。然后，公司向其支付50%的票价，也就是3 500美元。这名高管将一次性收到一笔现金，而公司将节省 3 500 美元，双方皆大欢喜。”马克认为这是一个好主意，并且这成为一项持续多年的政策。在协商一致的情况下产生了在实际上节约成本的措施，这才是关键所在。这个想法来自员工委员会，它让人们更乐意接受，而不是令人听起来像是来自高层的命令。

——加里·斯温

现金为王

克里斯托弗·莱温顿是一名成功的商人，他曾在国际管理集团顾问委员会任职多年。他不断强调的一个信息就是现金流的重要性。他经常提醒我们，大多数企业都因现金流问题而失败，即使它们有一个不错的并且在其他方面切实可行的理念。

我的父亲也敏锐地意识到正向现金流的重要性。他向所有高管强调进行易货交易的重要性，这些交易将有助于减少我们的现金开支。随着我们在亚洲拓展业务，我对现金流的重要性保持极度关注。当我在 1990 年抵达香港时，我们在香港只有一个办事处；到 2005 年我离开香港时，我们在该地区有 14 个办事处。但每次开设一个新办事处时，我们都尽力确保以正向现金流的方式开展工作。

通常，这意味着我们需要在设立分支机构之前，拥有一个可赢利的旗舰项目或活动。我们通过定期考察新市场着手准备，以便在我们考虑开展本地业务之前就对关键因素有所了解。在理想的情况下，我们会在设立当地办事处之前，出售新市场中的一项活动的冠名赞助权。我们会把冠名赞助的价格定在一个除去安置当地人员的费用之后仍然有盈利的水平。在了解到这样做的成本已经被最初活动预算覆盖之后，我们还可以聘请一名当地人。

在我们聘请到了合适的人员之后，他们可以通过出售最初的活动的二级赞助权创造额外利润。不过，他们也可以致力于新项目，因为最初的活动不会占用他们全年 100% 的时间。通过这种方式，运营当地办事处的人员将拥有一个不错的旗舰活动，这使他们能够与市场上所有的潜在赞助商会面，讨论对最初的活动的赞助。另外，当他们与客户见面时，他们也可以了解潜在的本地赞助商可能想做的事。如果我们能够根据这些信息为他们创办一项新活动，那么我们就可以继续以正向现金流的方式扩展我们在新市场中的活动组合。

——布雷克·麦考梅克

了解你的预算

自从我开始在马克·麦考梅克体育管理学院学习后，财务管理和责任的理念就一直伴随着我。我有一个印象是，当马克相信这样做是正确的时候，他会愿意在某些地方花钱，但是他也会质询在报销单上超支的人。我认识到：无论你在什么岗位上，财务责任都是必须具备的以便你真正理解企业的运作方式；另外，你需要参与公司的预算管理工作。

这么多人喜欢花钱，却不愿意管理预算，我总是对此感到惊讶。很快，我发现，管理预算使我了解到公司是如何赚钱的，以及我向管理人员提出的任何想法可能造成的影响是什么。如果我不明白公司的当务之急，那么我就不知道将资金引向何处，我的发展就会受限。我尽力向那些表示他们不想了解预算的客户经理解释这一点，我说你是在搬起石头砸自己的脚。因此，了解预算是一项至关重要的技能。

——萨丽琳·简穆罕默德

第九章

企业家精神

这也许是创业初期最应该考虑的问题：你在生活中真正热爱的是什么，以及有什么以此谋生的方法？

马克·麦考梅克相信，创办一家企业与献身财务工作或锻造职业生涯一样激动人心。他的企业家精神源于他对高尔夫的热爱，以及他因此创办企业和成就一番事业的想法。正如我们所见，这引发了国际管理集团发展成为体育产业龙头。但他同样清楚，创业是没有时间展示浪漫情怀的。创业往往是看似对立的直觉与想法之间的平衡行为。第九章将提供一些故事和案例来帮助你找到自己的方法。

对于体育企业家冯涛来说，随着市场在中国本土的开放，马克·麦考梅克的思想让他看到了体育与商业相结合的可能性。从《哈佛商学院不会教你的商业策略》学到的所有知识中，他将把长远考虑与签署长期合同视为关键经验，并且认同其中的智慧。在一个亿万富翁可以在仅仅几年内就产生（或毁灭）的市场中，这是一个看似违反直觉的方法。尽管如此，冯涛认为建设长远关系的价值有助于他的发展。资深商业领袖克里斯托弗·莱温顿爵士支持采取长远眼光的智慧。经验很明确，**展望未来，即使以牺牲短期利益为代价。**

马克·麦考梅克的独家智慧之一就是“知道你何时走运”。对于国际管理集团的彼得·杰曼来说，运气存在于能力和机会相结合的时候，“通过看到机会并抓住机会，你能创造你自己的运气”。下面的例子绝对就是这种情况。英国广播公司摄影师的罢工迫使国际管理集团传媒团队进军高尔夫球赛转播，最终导致欧洲巡回赛制作公司（European Tour Productions）的成立（如今该公司是世界上最大的高尔夫节目制片方和发行方之一）。**不要低估时机与巧合所带来的机会，**要在此基础上进行自我定位，充分利用朝你而来的机会。掌握正确信息可以在时机到来时为你提供先发优势。塞巴斯蒂安·科亲眼看见了马克·麦考梅克是如何有效地获得其需要的东西而令自己先发制人的。

马克·麦考梅克关于考虑小事以及保有企业家精神的经验与彼得·麦凯尔维产生共鸣。彼得尝试在自己的公司中实践这一思想。随着你自身的发展，**你需要在体系（或官僚主义）和灵活性之间保持平衡。**马克·麦考梅克认为，大部分公司倾向于“固有保守”。我们要打破这种保守，不要害怕试错与风险。找到适合你的风险偏好，如果所有事情没有按部就班地运作，那么请保持警惕。对于鲍勃·卡因来说，冒险行为只是研究与开发的另一种形式，“如果你没有冒任何风险，那么你就没有进步”。欧洲巡回赛的前老板肯·斯科菲尔德回应，**永远寻找机会以改善你工作所在的市场。**这也是马克·麦考梅克与国际管理集团在体育世界中坦诚践行的东西。在走向全球化，利用国际扩张以辅助本土成功方面，可能也是如此。

企业的成功可能导致自满，**必须不惜一切代价与其对抗。**密切关注你的竞争对手，对你的组织内外的公认智慧发出挑战。秉持勇往直前的态度，不要害怕随着你的成长与发展而改变想法。伊恩·托德在加入耐克时，与国际奥委会那些西装革履的老古董们的合作似乎是不可思议的，但他们对 2000 年悉尼奥运会的成功赞助改变了人们的思想观念。约翰·斯基珀提醒我们相信直觉的重要性，但要不惜一切代价地提防自负。凯西·沃瑟曼转达了他祖父的口头禅——你需要每天早上把你的自负停放在门外。企业的成功源于你和你的公司所提供的产品与服务的质量，而不是个人能力，无论个人能力有多么出色。

马克·麦考梅克以确认冠军（无论是在体育界还是商业界）的三个特征为《哈佛商学院不会教你的商业策略》的结尾。首先，他们不执着于自己的成就，永远对下一个挑战充满雄心壮志；其次，他们可以在需要时达到最佳表现；最后，在冠军的头脑中永远没有领先状态，他必须保持奋发拼搏。思考我们都可以学习的企业家精神是个不错的方法。

长远的企业家

20 世纪 90 年代末，我在北京的一家书店买下了《哈佛商学院不会教我的商业策略》。那时，中国没有体育营销行业。我们从未涉足这一领域，而这本书确实让我大开眼界。我第一次发现我可以将商业和体育结合起来，并且这也鼓励了我成立自己的公司。

一直以来，中国的体育都由政府管理，尽管其他行业已经接受了全球化，但体育产业依然滞后。2014 年，情况发生了改变，中国政府发布新政策，指出到 2025 年，体育产业应占中国 GDP（国内生产总值）的 3%。这项政策还推行了税收减免与宽松的行政壁垒，以鼓励私人和外国资本投资，体育立即在中国成为热门话题。这就是为什么中国大型联合企业万达集团收购了总部位于瑞士的盈方体育和媒体集团（Infront

Sports and Media，该公司为一些全球大型体育赛事发行转播权），以及为什么互联网巨头阿里巴巴进军体育行业。但显而易见的是，虽然行业内有大量资金，但知识储备不足。数千家初创公司接受了投资，但其中80%~90% 的公司在 20 个月后就宣布告终，因为它们误解了企业的本质。

我从《哈佛商学院不会教你的商业策略》中汲取的关键因素是，与球员、版权持有方或广播公司签署长期合同的重要性，这将有利于你制订商业计划并建立业务。体育行业关乎人与人际关系，这与在中国快速发展的企业非常不同（在那些企业中你可以在两三年内成为亿万富翁）。我尝试教导人们要有耐心，要放眼长远，并在长期合同中达成一致，并且，遵守已经达成一致的协议。

我对我的很多朋友说，他们必须读一读《哈佛商学院不会教你的商业策略》。我要求我的所有新员工阅读它，因为我认为它是这一行业的切入点。另外，《哈佛商学院不会教你的商业策略》不仅关乎体育行业，也是对总体商业而言的，我们从中学会如何谈判，以及如何展示自己与公司，《哈佛商学院不会教你的商业策略》扎根在我的血液里。我们是中国这一行业的先驱，并且一直是领导者，这在很大程度上是因为我们从马克的书中学到的经验教训。从根本上说，我们理解到，基于人的商业都是关于长远的人际关系。

——冯涛

打持久战

我在经营剃须刀公司威尔金森剑（Wilkinson Sword）的时候，我们是热门公司，但我们的资金有限。吉列（Gillette）是市场上的主导产品，但我们取得了积极进展。我想继续扩大我们的发展势头。关于如何在小额营销预算范围内提高知名度，我有一个想法。高尔夫球手阿诺德·帕尔默是当时人们可以想象到的最重量级的人物，我的想法是说服他使用威尔金森剃须刀剃须。我之前从未见过马克，我接触到他并提出了我的想法。马克说，原则上这个想法很好，但是阿诺德不会与他从没见过的赞助商达成交易，因此我们需要一起开个会。作为一名高尔夫球迷，我觉得“这会好上加好”。我见到了阿诺德和马克，我们一起用早餐，一切进展得很顺利。我们握了手，随后签订了合作协议书，其中我同意支付 3 万美元的预付金。大约一两个月之后，我接到总公司的电话说，由于没有预算，我必须取消交易，我很尴尬。然而，我的严肃抗议被置若罔闻，我仅仅被要求必须摆脱这件事。

随后，我给马克打的电话是我不得不做的最艰难的事之一。当我开始解释发生了什么，以及我的总公司是如何让我无法履行我的承诺时，我充满了焦虑不安的情绪。马克说：“好的，没问题，不要担心。我们保持联系。”

我非常感激。他的大度行为使我摆脱了一个非常艰难而尴尬的局面，我告诉他我对此心存感激。他信守了诺言，与我保持着联络。他的仁慈转变为牢固的私人友谊与生意关系，这引发了无数的商业交易。

他做出了正确的判断，他当时的姿态从长远来看会带来许多好处。从马克身上，我看到了对人们进行认真判断，并对其充满信任和信心，以建立长远关系的智慧。我终其一生经营全球业务，我明白如果你做出正确的判断并信任某人，那么你将收获回报。我曾听说，如果你把你的面包扔进波涛暗涌的水中，那么它就会变成烟熏三文鱼三明治。但是，你必须做出正确的判断，这需要经验。当你犯了一些错并烧伤了你的手指时，你会明白你可以信任谁，这将引导你的判断。

——克里斯托弗·莱温顿爵士

创造你自己的运气

在20世纪70年代和80年代初期，实况转播技术还很不成熟，因此电视上几乎没有高尔夫节目。在像德国和法国这样的国家，高尔夫运动是一项小众运动；即便在西班牙，人们对高尔夫也没什么兴趣，甚至不了解。在西班牙高尔夫球员塞维·巴勒斯特罗斯（Seve Ballesteros）名声大噪时，我记得一个西班牙广播公司希望在比赛的最后一天做20分钟的直播，它对于为什么我们无法保证塞维在它切入直播时站在发球台上而感到困惑。

在英国，英国广播公司是多项赛事的主要转播商，其中包括国际管理集团名下筹办的著名的世界比洞赛，而我们的电视制作与发行子公司TWI参与了全世界范围内的制作和发行。有一年，英国广播公司将在英国报道世界比洞赛，但是英国广播公司的摄影师在比赛开始的前几天就进行了罢工。我们已经将世界各地的电视版权卖给了那些对高尔夫感兴趣的国家——主要是英联邦国家、日本和美国，我们与冠名赞助商签了合同，我们必须遵守合同条款。就我们而言，我们必须完成任务。我们没有取消或推迟这次赛事，而是带来了我们TWI自己的相机、摄影师和导演。虽然TWI拥有专业技术和员工，但它之前从未报道过高尔夫赛事，这是一次相当不令人放心的经历。我们在没有多少时间准备的情况下蹚进了一片未知水域。最后，一切顺利。这些镜头没有在英国播出，但是却到了世界各地它们应该去的地方。

不久之后，我在伦敦一家酒店与马克以及其他几位国际管理集团的高管会面。马克宣布，我们将播出每一场欧洲巡回赛高尔夫赛事。我们最初的反应是，他疯了。这不仅仅涉及后勤组织工作，还涉及我们将如何为其提供资金。马克进一步阐述，我们应该与欧洲职业高尔夫球巡回赛组建一个合资企业，该机构管理欧洲主要的男子职业高尔夫巡回赛。他意识到，每一次赛事电视转播的赞助费都将迅速上涨。

事实证明，他很有先见之明。当天空电视台正处于萌芽阶段时，我们利用它进入了广播市场。我们与欧洲巡回赛组建的合资企业——欧洲巡回赛制作公司一直运营到今天，欧洲巡回赛制作公司是全世界最高产的高尔夫节目制作商和发行商，年播放时长超过 700 小时。

英国广播公司的罢工让马克有机会去证明国际管理集团制作高尔夫赛事电视节目的能力。当时的人们可能并不认为这很走运，他们如履薄冰以从未经历过的方式完成了电视报道工作。我怀疑马克在那一周是否对这件事进行了理性的思考，因为他的第一个想法肯定是避免因未完成电视报道而导致收入损失。但一旦尘埃落定，他就可以看到罢工实际上是意外的好运，而且凭借处理突发事件的能力，他可以说服欧洲巡回赛主办方与我们合力组建合资企业。我听说，运气存在于能力和机会相结合的时候。通过看到机会并抓住机会，你就能创造你自己的运气。

——彼得・杰曼

把事情简单化

20 世纪 80 年代初期，高尔夫电视报道相当糟糕。唯一的参与方是主要的地面广播公司，我们任凭它摆布。我们在不同国家面临着很多挑战，这些国家的广播电视网络试图提供报道，但在经验有限和专业人员匮乏的情况下，做好这项工作是非常困难的。举个例子，除非你曾经制作过高尔夫节目，否则你可能不知道在哪里放置摄像机才能覆盖球在空中的运动轨迹。

当时，国际管理集团的姐妹公司 TWI 在其他体育赛事的电视制作方面拥有丰富的经验，但从未报道过高尔夫锦标赛。马克来到我们这里，建议我们掌控高尔夫锦标赛的制作权和播出权，以便我们可以将这些影像出售给不同的电视台。我们同意共同建立一个非网络电视的想法，然后决定从头开始为每场比赛制作真实影像。我们了解高尔夫，我们可以使用专职人员，TWI 有电视制作能力，我们可以增加赞助……做这件事的理由是势不可当的。理由非常明显，但必须得有人看到合作的潜力。有时候，你不必高瞻远瞩地去寻找灵感。如今，国际管理集团与欧洲巡回赛组建的合资企业——欧洲巡回赛制作公司是世界上最大的高尔夫节目制作商和发行商。

——乔治·奥格雷迪

接纳勇往直前的文化

马克热爱创业，并积极鼓励创业。如果你在某件事上想出了一个疯狂的计划，那么你永远不会违反公司规程。经常有人跑来对我们说："我们可以做这个吗？"我们会说，我们何不换个思路考虑问题——为什么不呢？因为一切皆有可能。说"是"，然后思考"怎么做"是国际管理集团的思维方式。

拿 1990 年斯德哥尔摩世界马术比赛（Stockholm World Equestrian Games）举例，那是我运营过的最大的篷区活动。仅仅为了安置马匹，我们就需要准备 2 万平方米的大帐篷。随着赛事的接近，这项工作变得越来越繁重。

谈到招待，我们有两个方案。一个方案是为所有赞助商在动物园岛（Djurgarden，一个距离奥林匹克体育场很远的公园）建一个招待村。另一个方案是，我们可以在某天午夜关闭瓦尔哈拉瓦根（Valhallavägen）

主干道（这条大街相当于伦敦的牛津大街），为来自二三十家不同公司的750个人建设接待场所，并在早晨之前筹备好这项工作，然后铺设一条红毯，从接待场所穿过人行道直达体育场，以供客人步行前往。我们选择了第二个方案。我们得到了警方的批准，并且在6小时内建设完成。那天早上6点，我们差不多就准备好了。早上8点，食物已经送达，我们万事俱备。客户甚至不知道他们正在主干道上行走。我们所取得的成功是令人难以置信的，但这完全取决于优秀的工人、优秀的员工和优秀的供应商，以及来自国际管理集团高层的“勇往直前”的态度。

——杰里米·帕尔默-汤姆金森

事先计划

当我的网球职业生涯即将结束时，我试图搞清楚接下来我可以做什么。在你只有20多岁还没到30岁时就已经开始思考“我还可以做些什么”，这实在令人气馁。

马克给了我很多好建议。他提出了诸如重返学校、担任教练或巡回赛嘉宾的建议。他还说我可以尝试做电视节目评论员。我犹豫不决并对他说，我性格内向，恐怕很难胜任这些工作，但他认为我热爱网球并喜欢看网球赛。他最好的建议是，在我还在打球的时候，我应该尝试从事一些电视评论工作。他敦促我在最后一天到来之前开始计划。所以，在我退役前6个月左右的时候，我便着手准备此事。我会进入录音棚，为美国网球公开赛或印第安韦尔斯网球赛上的某一场比赛做评论。这样，我可以判断我是否喜欢这件事，以及电视台的人是否喜欢我。因为我还在打球，所以我只是将它视为次要的事，一些我尝试去做以此减轻压力的事。人们还把我当作一名网球运动员。他们的态度是：“哦，这是玛丽·乔。她刚刚打完比赛，现在她在做一些评论工作。”这是一个平稳的起步，对我来说很合适。

结果证明，做电视节目是一个很好的举动，如今我已经做了 17 年的评论工作。我的职业生涯转型归功于马克，以及他在做重大决定之前抢先一步并深思熟虑的眼光。这是我一直铭记在心的一课。

——玛丽·乔·费尔南德斯

不要接受行业规范

当国际管理集团成为模特界的一个重要角色时，它完全颠覆了我们这个行业。国际管理集团以一种务实、专业的方式进入行业，并设置了人们竞相追随的标准。由于国际管理集团带来的稳定性和专业性，这个行业变好了很多。

在成立国际管理集团模特部时，国际管理集团通过自己的商业透镜对该行业进行了深入的审视，并拒绝了已经成为行业规范的做法。其中一个例子是母代理机构佣金率。如果你在像秘鲁这样的偏远地区发现了一名模特，并认为他（她）具有在国际上发展的潜力，那么你会与这名模特在当地的代理机构进行协商，该机构在这名模特的职业生涯期间就能获得模特佣金中标准份额的数目。国际管理集团在进入模特行业后，认为该形势很不公平。如果你有一名非常成功的模特，其佣金率基于任何原因而减少，那么你可能会因受困于协议，向秘鲁的代理机构支付的费用超过了自己赚的数目。国际管理集团很快就明确要求，如果出于任何原因，我们下调了一名模特的佣金率，那么我们会要求按比例减少母代理机构的费率。虽然这只是一个不错的商业意识，但对于整个行业来说，这具有革命性的意义。

另外，专业标准也得到了提高。杂志公司可能在没有核实是否需要拍摄或经营许可情况下就为模特预定在大溪地拍摄照片，并安排好了航班、模特和摄影师。国际管理集团表示，我们的模特在没有签证的情况下，无法在地球上的任何地方工作，行业里的其他公司也纷纷效仿。这正是国际管理集团在各个领域的运营方式，模特行业也不例外。

专业水准有助于我们的招聘。我们从女孩们 13 岁时就关注她们，而且往往当女孩首次签约时，我们会与她们的父母打交道。当我们与她们的父母谈论国际管理集团在体育领域打理的球员和活动时，他们会变得更加放心。如果你能管理威廉斯姐妹、拉斐尔·纳达尔或泰格·伍兹的职业生涯，那么你就可以管理他们孩子的职业生涯，并采取相同的专业水准。作为圈外人，国际管理集团没有去适应模特行业的规范，它对自己的原则和道德方式的坚持被证明是一个巨大的卖点。

——珍妮·罗斯

把控先发优势

在田径运动中，对于“业余”一词的使用已逐渐消亡。与其他体育项目不同，这里没有痛苦的抉择。田径运动作为一个体系，在这个体系中，如果你足够优秀，那么你就会被邀请参加顶级田径运动会，赞助商就会来敲门。

1979 年，我意外地打破了三项世界纪录，这让我从在体育界为人所知变成报纸头版上的人物。我的父亲很清楚，虽然他在指导我，但我应该与一个能够处理任何商业压力的机构建立关系。我和很多来自不同运动项目的人交谈过，因为这在田径运动中是一条杳无人迹的道路。当我加入国际管理集团时，我们都试图在新的田径世界中找到自己的路。这绝对是一个合作伙伴关系，以至我在国际管理集团的第一位主要联络人现在仍然是我非常亲密的朋友，并且我一直会寻求他的建议。

当我第一次见到马克时，我被告知这次会议实际上只是一个介绍会，并且鉴于马克的日程安排限制，会议只会持续五六分钟。事实上，我们坐下来足足谈了一个小时。我们没有像你预料的那样在闲谈，我们讨论了田径运动的未来。我们面临的巨大挑战是“职业化”。当时，“职业化”还没有真正进入田径的词典中，而在东欧阵营或苏联，这个词甚至没有定义。我们面临的最大的挑战是防止这项运动分裂成两种，即最终会在不同赛道上出现两种截然不同的运动，而像我这样的运动员绝不会与东欧人在一起赛跑。马克对形势以及我看待形势的方式很感兴趣。我还年轻，但我可以看到潜在的危机，我对历史也有所了解。马克向我讨教田径运动的发展方向，他是一个很好的倾听者。马克的问题具有渗透性，他能够从谷壳中筛选出小麦，并提炼出他对问题的思考。

毫不怀疑，他问我那些非常详细的问题，是为了弄清楚他将如何开启新旅程，并成为这项运动的市场领导者。我敢肯定，20 年前他在莫里菲尔德或是别的什么地方的俱乐部，也问过一群高尔夫球员同样的问题，并得出了类似的结论。我们在生活中唯一可持续的竞争优势就是更迅速地吸收信息，并比下一个人更快地扭转局面。马克是这方面的大师。

——塞巴斯蒂安·科

跟着感觉走

有一天，我意识到我像马克一样做了一件事。我正在接受采访，我被问到一个关于我们如何跟上消费趋势以及改变观看习惯的复杂问题。

我给出了一些关于调查能力、焦点人群、阅读材料等方面的细节回答。然后，我笑着说道："在所有事情尘埃落定后，我询问自己的内心，我会跟随我的直觉做决定。"这是马克思维方式的核心。在整个职业生涯中，你拥有的不同经历将有助于一个本能的决策过程。如果我必须根据以往的经验和常理在精彩的分析和本能的决定之间做选择，那么我会毫不犹豫地选择后者。

这也许就是哈佛大学教会你的知识与不教你的知识之间的区别。我在目前职位之前的工作是娱乐与体育节目电视网的内容负责人。对有创意的内容做决策尤其关乎本能和内心，而不是分析。通过注意到哈佛大学教你分析与情景指标的案例历史和方法论，你可以清晰地说出两者之间的区别。哈佛大学不会教你另一种知识，是因为它无法教你。但在很多情况下，另一种知识也会同样有效，甚至更有效，比如创意决策。

——约翰·斯基珀

这不是关于你，而是关于公司

我的祖父（好莱坞工作室负责人与人才经纪人）卢·沃瑟曼是马克的好朋友和良师。他们花了很多时间在一起，马克记录下了一些我的祖父传授给他的建议，其中的一条经验教训是关于自负的。马克把它描述成一把双刃剑——汽油，它既能驱使我们更加努力工作，又可以扭曲判断力。这就是为什么自负必须被加以控制。他写道，卢·沃瑟曼曾经告诉他："像我们这样的服务业可以有效运作的唯一方法就是每天早上将你的自负停放在门外。"

马克说，卢·沃瑟曼的建议是"不要推销你自己，而要推销公司"。

这绝对是马克牢记在心的一条建议。马克的一切都是关于国际管理集团而不是他自己，他永远不会谈论他的成功，他只会谈公司的成功。我自己也是类似建议的受益者，即不要站在灯光下太久，这会使你的外衣黯淡。我同样尽力将其牢记在心。我们的成功取决于我们代理的人才和他们的成功，而不是我们提升自己的能力。同样规则的适用，几乎与行业无关。人们根据产品的质量与成功来评判生产商，而不是根据首席执行官强占头条新闻的能力。

——凯西·沃瑟曼

曾经是运动员

马克在其职业生涯的开端曾是一名运动员。如果你曾经是运动员，那么运动员的某些特质就会陪伴你终生。当马克在谈判的时候，人们称他为“大鲨鱼马克”，而我有一部分特质也与此相关。我在球场上非常具有进取心和竞争力，而马克在他的工作中也非常具有竞争力。他想成为第一，并保持第一。

他在网球场上也很争强好胜。当你和马克在一起双打时，你必须赢。我总是告诉他我更喜欢和他对打，因为和他一起双打的压力太大了。我说我宁愿在任何大满贯比赛中打球，也不愿意和他一起双打。不论何时，如果我可以摆脱和他双打，我都会这么干。但这是他个性的一部分，并且这与体育或生意相关，他无法将其切断。

马克过去总是对我说的一件事是：下一步是什么？你永远不要不求进取，或自鸣得意，因为你必须表现得和上一场比赛一样优秀。在世界上的某些地方，永远有人在接受训练打算击败你。他的理念非常正确，他以同样的方式将这一理念应用于国际管理集团。为了保持在顶端，你务必展望未来。

我非常欣赏他能够应付所有的出行承诺以及他在不同时区的工作能力（这并不容易）。他积极乐观，在早上 4 点 30 分接电话，并且日复一日地保持自制力，这非常能鼓舞人心。他显然不是以金钱为动力，而是对自己的工作充满热情。这就是你可以在成功的职业运动员身上看到的另一个特质。

——莫妮卡·塞莱斯

不要害怕改变想法

一开始，国际管理集团是非常反正统的，它有效地创建了一个新行业，不把时间留给保守派。但马克很快就发现，皇家古典高尔夫俱乐部和温网这样的机构客户将永远存在，而个人客户则不会。他看到了培养人际关系的价值，并很快改变了主意。

当我离开国际管理集团时，我去了耐克的体育营销部门。耐克同样反正统，希望展现一种“前卫”的形象。但是，在马克的引导下，我可以看到通过采取这种方式，你会将自己局限在一定的规模里。就在 2000 年悉尼奥运会的前几个月，我接到国际奥委会的电话，国际奥委会称，锐步本想成为澳大利亚队的赞助商，但退出了，耐克是否愿意赞助？我们大概有 6 个月的准备时间，数千件专业服装需要被设计、制造和交付，这本身就是一个对行政后勤方面的挑战。然而，我最大的挑战是让耐克同意这件事。

当我第一次提起这个话题的时候，收到的回复是一个干脆的“不”字。像耐克这样的公司，根本不可能与奥运会以及一个像国际奥委会那样充满西装革履的机构联系在一起，这与耐克的形象不符。我坚持不懈，力劝公司排除个性去思考国际奥委会所能支配的东西。奥运会是世界上最大的体育赛事，它在澳大利亚举办，这可以提升东道国赢得比以往更多金牌的机会，而我们现在有机会成为澳大利亚队的赞助商。我们违背了耐克公司内很多人的意愿，签订了合同。事实证明，这是一次巨大的成功。耐克公司随后扭转了其对所有正统事物的反感，现在已经与大量的团队、俱乐部和联合会有了密切关系。在国际管理集团的经历教会我，一家公司可以也应该随着它的成长和发展改变想法。

——伊恩·托德

你的同伴

作为国际管理集团加拿大公司的新任总经理，我自认为春风得意。国际管理集团加拿大公司长期以来被视为美国公司的卫星分支机构，势如破竹，连连获胜。我们正在扩张我们的高尔夫业务，增强我们在网球界的影响力，并通过花样滑冰风靡世界。然而，当我向高级管理层介绍我的五年发展计划时，马克问道："如果我们不代理曲棍球明星，那么我们怎样才能在加拿大成为占主导地位的代理机构呢？"

我解释说，曲棍球运动员和代理商之间的关系植根于几十年来建立起的本地关系，这是一个由内部人士组成的"私人俱乐部"，需要花费多年时间才能发展出打入俱乐部的必要人际关系。马克的反应是："谁是当时最大的明星？"毫无疑问，是由科尔普体育公司（CorpSport）代理的韦恩·格雷茨基（Wayne Gretzky）。

年内，科尔普体育公司将其业务与国际管理集团加拿大公司——在韦恩信赖的经纪人迈克·巴尼特（Mike Barnett）的指导下推出的国际管理集团曲棍球新部门——合并，而国际管理集团在曲棍球界的影响力几乎在一夜之间从零变为空前。这就是最好的马克·麦考梅克。他从来没有把挑战看作是无法克服的，挑战仅仅是通过创造性思维来克服的障碍。

几年后，当我在北卡罗来纳州的夏洛特市时，那一次经验教训重回我的脑海。马克同意让我在美国东南部开设一个新办事处，因为我确信那里存在机会。那里有日益发展的金融中心，也有无可争议的美国最热门的运动项目之一——纳斯卡赛车。

我们试图说服纳斯卡赛车斯普林特杯系列赛（NASCAR Sprint Cup Series）的大明星杰夫·戈登加入国际管理集团稳定的冠军团队。我们推断，代理杰夫将立即为国际管理集团在赛车界带来荣誉，并促使我们走上将新办事处发展成为盈利业务的正轨。

我们达成了合作，夏洛特办事处事业蒸蒸日上。马克的想法将我们与每项运动中最有影响力的运动员结盟，这被证明是国际管理集团成功的基石，从阿诺德·帕尔默到克劳德·基利、贝利（Pele）、阿加西（Agassi）、格雷茨基、泰格·伍兹，还有其他很多人，我们学到了经验。与你有联系的人的影响力越大，你对你所经营的市场的影响力就越大。

——迈克尔·赖特

直接控制何时重要

我的父亲一直很了解电视的价值。TWI 不仅是公司中盈利最多的部门，还是一架引擎，促使我们从我们运营的活动和我们代理的客户那里赚得更多收入。

直到 1987 年，我们还在使用一家代理商来分销我们在亚洲（除了日本）所持有和代理的电视节目。那时候，我们可以带来的版权费数额太小，不足以表明我们自己在分销节目上的花费是合理的。然而，随着新的私营电视台和有线电视公司与各国政府所有的电视台的竞争，情况发生了变化。

我的父亲明白，让我们自己掌握亚洲电视市场的脉搏是多么重要。我们与温网等客户或像艾尔弗雷德·邓希尔（Alfred Dunhill）这样的赞助商之间的关系是基于最大化的全球覆盖率和曝光度。我们可能需要以牺牲与收视率有限的有线电视公司做更合算的交易而带来的短期利益为代价，来保证直播网络覆盖。这可能不符合代理商的利益。

对我们来说，发展与电视台的直接关系也很重要，这体现在我们在创办中国足球联赛（Chinese National Football League）发挥的作用上。

在世界杯参赛资格上屡战屡败后，中国足球协会千方百计地想提高中国足球的水平。人们赞成提高足球水平的唯一方法就是创办一个联赛。然而，中国足球协会认为这是一个过于昂贵的选择。

我们与中国中央电视台的良好关系提供了一个解决方案。中央电视台证实，如果足球联赛能够成立，那么它将承诺每周在中央电视台至少播放一场比赛。我们找到了潜在的赞助商，并得到了它们支持联赛的承诺，只要我们可以许诺它们在中央电视台每周一次的节目中亮相。有了赞助承诺在手，我们又回去找中国足球协会，并向它保证了创办和管理联赛所需的资金。中国足球协会、中央电视台和我们的赞助商都很满意，中国足球联赛成为国际管理集团在未来很多年最为盈利的一项赛事。紧跟着这次成功，我们询问中央电视台，在足球赛季结束后，是否还有其他体育项目可以在同一时段播出。“是的，”中央电视台回答，“篮球。”由于中国还没有一个篮球联赛，我们找到中国篮球协会，并且再次经历了同样的过程。凭借在中央电视台保证的电视曝光率，我们能够在有利可图的基础上推出中国首个篮球联赛。

了解可以实现的电视曝光率对于我们创办或代理的每个赛事的成

功都至关重要。一旦它成为业务关键，它就不会留在代理商手中。我们需要直接控制以协商交易并建立关系，这使我们能够利用对我们开放的机会。

——布雷克·麦考梅克

不要害怕风险

在马克刚开始创业时，他是作为一名经纪人来经营业务的，即使存在任何风险或资金不足，他的风险也很小。国际管理集团本可以延续这种方式，但我们决定，我们希望持有资产和运营活动。这绝对是正确的决定，但也是一个有趣的过渡。

在我管辖的网球领域，我们了解赞助商和电视版权，我们代理明星，我认为是时候拥有属于我们自己的赛事了。我们在意大利和德国拥有良好的表现，之后我看到了在美国购买赛事的机会。一个叫布奇·巴克霍尔兹（Butch Buchholz）的家伙想在迈阿密开办一个比赛，我们很高兴可以为他组织这场比赛，同时我们也承担了风险。我们不想成为前锋或中锋，因为有人认为我们已经控制得太多了。然而，尽管从长远来看，这被证明是一个好主意，但当时我们出手得有点太早——我们走得太超前了。我们最终损失了 100 万美元，这在当时对我们来说是一笔很大的资金。

当我不得不告诉马克这件事时，有一群人围坐在桌旁。我知道其他人在想，“今年的奖金泡汤了”，然后他们很气愤。我对他们感到抱歉。然而，马克却不然，他为我辩护，他说这是正确的思维程序，我们本应该持有资产。他为我加油打气，显然是担心我可能永远不会再去冒风险，这是他不希望看到的。他的方法是，继续前进，你正在步入正轨，这只是一个小插曲。这是一个险象环生的时刻，但他对我的支持是非常宝贵的。

两三年后，我正在与职业男子网球协会就新成立的职业男子网球巡回赛进行谈判。我们找到当时的职业男子网球协会首席执行官汉密尔顿·乔丹（Hamilton Jordan），并表示我们希望在法兰克福举办职业男子网球决赛，向巡回赛出售冠名赞助，并向职业男子网球巡回赛出售全球电视转播权。乔丹说："我绝对不会把这三样东西都给你，否则不如在我的额头上也盖上国际管理集团的印章。"他想把这三样东西分开，不希望一个代理机构负责所有事务。但我们很坚定，我们表示，我们准备在1990年至1992年的三年内支付3 400万美元，但我们必须拿下全部。对职业男子网球协会来说这是一场全新的赛事，它需要一些资本才能实现。乔丹看到了这一点，并说："好吧，为了这笔钱，我会盖上这个印章。"

对我们来说，这是一次很好的谈判，最终我们在三年内为职业男子网球协会贡献了1亿美元。如果马克没有在迈阿密的交易上全心全意地支持我，那么我就很难愿意去冒一个更大的风险。我们擅长冒险，并清楚我们可以做什么，以及不可以做什么。并非所有生意都会赚钱，但如果你没有冒任何风险，那么你就不会前进。在某种程度上，冒风险去探索新的机会是研究与开发的另一种形式。

——鲍勃·卡因

小处着眼，谋求更大发展

发展中的公司的典型困境是如何保留企业文化，并接受新想法。虽然我从来没有和马克做过生意，只在社交场合见过他，但我在20年前读过《哈佛商学院不会教你的商业策略》，书中的一部分内容在我的职业生涯中一直伴随着我。我所采纳的一个理念是，随着规模不断扩大，克服在维持企业打造的团队精神中遇到的困难。

当你经营一家小公司时，你很灵活；当你努力发展时，你会有一种紧迫感和兴奋感。但是，当你真的发展起来的时候，你会变得更加官僚主义，保留那种小公司文化将变得越来越困难。

当我在 25 年前加入艾意凯咨询公司（L.E.K. Consulting）时，艾意凯咨询公司是当前规模的 10%。随着公司的发展，我想起马克关于团队精神的意见。如今，作为美洲区总裁，我做了很多事情来努力维持企业文化。我尝试设立小型工作组，这是海军陆战队中应用的一种战术，有助于人们感受到对某样东西的所有权，无论它是面向客户还是像人力资源这样的内部机构。当一个组织或其内部的单元变得过于庞大时，通常沟通不畅、缺乏动力或缺乏所有权会导致规模不经济。

我们有一个非常水平化的结构，而非等级制度，这使得所有建议都可以在各个层级被听到。人们希望从顶层看到一种变化的文化，以及倾听新想法的意愿，而不是谴责某人提出愚蠢的问题或要求改变。我们不会在名片上放置头衔，这有助于创造平等感。除了标志和地址更改外，我现在的名片与 25 年前无异。我们还创造频繁的社交机会，打破大公司的屏障。但这是一场需要你持续奋斗的持久战，我每天都致力于此，并努力确保通过组织得到反馈，这甚至出现在我们的招聘口号中。我们表示，我们有小公司的文化，同时有大型跨国公司的收益。对于我们每年新入职的员工，我总是说：“我希望你们在提到艾意凯的时候使用第一人称。”我永远不想听到像这样的问题：“他们为什么不在亚特兰大开办公司？”我想听到：“我们为什么不？”这对维持同事间的友情和公司的团结精神很重要。有时候，为了不断发展，你需要从小处着眼。

——彼得·麦凯尔维

改善市场

官方世界高尔夫排名如今已超过 30 年了，它的重要性在持续增长，它的实施在很大程度上归功于马克，职业高尔夫也获益于此。

马克一直尝试搭建一个平台，通过这个平台你可以为世界上最优秀的球员排名。在这之前，高尔夫球手只根据美国巡回赛的收入排名的。然而，随着更多国际球员的崛起，马克想要一个更具代表性的体系。他被引荐给一位名叫托尼·格里尔（Tony Greer）的土木工程师，托尼热衷于整理数据，多年来他一直致力于研究系统力学。托尼拥有系统，而马克搭建平台，这差不多在第一天就取得了欧洲巡回赛和皇家古典高尔夫俱乐部的支持，并获得了索尼的赞助。

排名的创建和开发方式为国际高尔夫球手设定了一个模板，使得他们有机会参加所有四项重大赛事（其中三项在美国）。如果马克没有搭建这个平台，那么无数的国际球员（其中许多是欧洲人）可能没有打大满贯的机会，因为条件可能仅仅局限于美国职业高尔夫球巡回赛奖金榜。这很可能意味着，球手必须在美国全职打球才能获得参赛资格。尽管现在很多高尔夫球手都在美国打球，但绝大多数球手仍然在国际上打球并支持他们的本土赛事，世界排名的建立使这成为可能。毫无疑问是马克的理解、推动以及风范使得排名为公众所接受。

人们也许并不总是赞成我对巡回赛采取的方向，或者我们与国际管理集团的密切关系，但我认为所有人都会看到排名是天作之合。一般来说，对于我们的关系，有两个反应。第一个反应是，尽管国际管理集团是我们公司最大的合作伙伴，但我们公司没有排他性，任何能够以同样方式提供帮助的人都受到欢迎。这导致了第二个反应——没有其他人为了比赛的利益而尝试在欧洲巡回赛上跨越雷池。排名是这些努力成果的延伸。这是一个很好的例子，说明改善市场对每个参与者都是好事。

——肯·斯科菲尔德

走向全球

为了美国职业橄榄球联盟的继续壮大，我们必须找到一种在国际上发展球迷的方法，这意味着要培养美国以外的人了解比赛规则并帮助他们发展对比赛的热情。考虑到规则的复杂性，比起更为直观的比赛（如足球或篮球），美式橄榄球需要花费更长的理解时间，以及更大的学习热情。

对于我们如何能够帮助积累海外对美国职业橄榄球联盟的兴趣，马克的想法很有创意。他一直坚持，区别于表演展示，我们必须为全球观众制作“真正的”产品，就像常规赛那样。他认为，为了帮助人们获得真正的了解和对比赛的理解，将看重结果的真正联盟比赛的强度带给国外观众的想法至关重要。

他还强调了制作电视节目的重要性，这些节目不仅会为那些了解比赛的人播出比赛亮点，还会播出教育内容，以帮助人们轻松、愉快地建立对规则和策略的理解。

不同于很多美国人，马克并不害怕旅行和探索世界，他理解进驻全球的价值。他将高尔夫和网球视为全球性的运动，同样的规则可以并且应该适用于橄榄球。他凭借直觉得知，全世界对美国流行文化的热情意味着如果有人在这方面花时间和精力，那么这就是一个真正的机会。

在马克提出这些建议的时候，美国职业橄榄球联盟还没有完全致力于真正的海外扩张和市场营销。今天我们正在做马克建议的这两件事，比如我们打的是常规赛，而不仅是表演赛，而且我们在特定国家或文化的基础上，为美国以外的球迷制作高质量的节目。如果我们在 20 世纪 90 年代早期将这项工作交给了马克，那么我毫不怀疑今天我们会在世界范围内拥有更多、更热情的球迷。马克比任何人都更了解体育与竞赛全球化过渡的力量，通过旅行，他知道如何逐国推销产品。马克的眼光和创造力远远领先于他的时代，但基本的观念同样适用于当下。当国内市场发展良好时，请考虑国际化扩张。

——罗伯特·克拉夫特

享受你做的事

你必须享受你所做的事。马克曾经对我说过，这是绝对正确的。他认为自己非常幸运能够成为一名零差点高尔夫球手，并且能够找到一种留在那个世界的途经。他热爱高尔夫，当他看到高尔夫球手需要法律和合同代理时，他自己动手开干。对马克来说，这不是工作，这是在打比赛。他所做的是自我享受的延伸。同样地，我觉得没有压力这回事，你只是没有享受自己。我认为对于马克来说，在包括周六和周日在内的每一天他都在工作，或者说他根本不在工作，因为这是他生活的一部分。

然而，这会造成损失。生活是家庭、事业和社会之间的平衡，要实现这种平衡是非常困难的。我不确定我是否能够平衡我的生活，我认为马克也没有做到。国际管理集团是他的孩子，就像 WPP 是我的孩子一样。你对它投入过多并对其痴迷，可能在它身上花费太多时间，这是企业家精神的一部分。

——马丁·索雷尔爵士

传承的力量

拥有一家50多年来一直是市场领导者的公司是一项极其重大的成就。当这是一家围绕人与人际关系而不是围绕别的东西（比如说生产）的公司时，情况更是如此。当马克去世时，很多人认为船长不再掌舵，船将沉没。然而，在马克去世后，公司得以幸存和繁荣是一件不可思议且了不起的事。

当我们与人们交谈时，他们在谈到国际管理集团时经常提及马克。这也许是因为他创造的领导力与商业模式，或者因为他的周围聚集了一群将他的愿望、原则和建议呈现出来的同事。这激发了很多人，尤其是我，甚至在不知道他的一代人中，这种激发仍在继续。

当我的女儿最近告诉我她正在读《哈佛商学院不会教你的商业策略》时，我被打动了。推荐这本书给她的人不是我，而是她的一位朋友，他们在参加同一个国际商务研究课程。她说："当你阅读这本书时，你会更好地理解商业。"这一切都是关于常理。就像不同时代的孩子们发现音乐，并且会听平克·弗洛伊德（Pink Floyd）或滚石乐队（The Rolling Stones）一样，这些20多岁的孩子已经发现了这本书，并且仍然看到了这本书的实用性。

——米歇尔·马斯奎里尔

致 谢

在原版《哈佛商学院不会教你的商业策略》问世30年后，新版在英国发行，并又一次占据畅销商业书的榜首。显然，新一代企业家们欢迎马克·麦考梅克的常青智慧与实践建议，就像他们的父母在这本书首次面世时一样。在一个由算法和数据驱动的世界里，也许有一个肯定的事实，即商业成功的基础不仅仅源于文凭，还取决于如何有效管理人员以及如何有效处理每天收获的经验的实践技能。一个人的情商与他的智商一样至关重要。

《哈佛商学院不会教你的商业策略》回答了一个简单的问题：我们如何才能向我们的父亲在作为作家时的不朽的遗产致以最崇高的敬意？

我们的父亲最喜欢的一句话，也是出现在原版《哈佛商学院不会教你的商业策略》中的一句话，那就是“总是雇用比你聪明的人”。当然，他做到了，而那些更加睿智的管理人员在他身旁帮助他创造了现代体育营销行业，并将国际管理集团建设成为在世界上占统治地位的体育管理公司，他们慷慨地为这本姊妹篇贡献了自己宝贵的见解。

除了那些国际管理集团的“内部人士”之外，还有几十名供稿人是国际管理集团的客户、顾客或朋友，他们分享了他们对我们的父亲对他们自己的思维和商业方式的影响的看法。从超级明星运动员到《财富》

100 强企业的高层，从世界领先的体育网络的首席执行官到一些最成功的体育特许经营商和联合会的所有者和领导人，再到娱乐帝国和应对全球贫困问题的多边机构的负责人，他们的集体才能和成就远远超过了我们的父亲。他们共同提供了新鲜的逸事和观点，以阐释我们的父亲的所有商业写作的根本原则。

我们也很感激麦考梅克的追随者中的新骨干，虽然他们从不认识马克·麦考梅克，但他们受到了他的事业和著作的影响，并花时间分享了他们的见解和故事。马萨诸塞大学为纪念马克·麦考梅克，重新命名了它的体育管理系。我们的家族与马萨诸塞大学的合作关系确保了《哈佛商学院不会教你的商业策略》将与哈佛商学院会教给你的东西适当结合。我们感谢马萨诸塞大学做了大量的工作，以确保马克·麦考梅克的世界继续壮大。实际上，我们的家族从《超越哈佛——麦考梅克不同凡响的商业智慧》的出版中获得的所有收益都将移交给马克·H. 麦考梅克基金会以支持教育工作。

最后，感谢我们耐心而坚定的编辑乔·拉塞尔（Jo Russell）；感谢我们全心奉献的出版人克莱尔·格里斯特·泰勒（Clare Grist Taylor），她从一开始就支持这个项目；感谢长期担任国际管理集团伦敦公司主管与值得信赖的家族知己萨拉·伍尔德里奇；感谢与我们家族合作的普洛菲尔出版公司（Profile Books）和威廉·莫里斯经纪公司（WME）出版部门的团队。你们所有人都为《超越哈佛——麦考梅克不同凡响的商业智慧》的开花结果起到了关键作用。没有你们，我们无法完成这项工作。感谢你们为《超越哈佛——麦考梅克不同凡响的商业智慧》奉献的时间与才智。

——麦考梅克家族

供稿人

塞思·亚伯拉罕

塞思·亚伯拉罕是纽约星舰体育营销公司（Starship SA）的创始人及 HBO 体育部前总裁。

瓦尔·阿克曼

瓦尔·阿克曼是大东部联盟（Big East Conference）的高级专员，曾是国家女子篮球协会（Women's National Basketball Association）首任主席。

迪克·奥尔福德

迪克·奥尔福德曾担任国际管理集团印度和日本公司副总裁。

斯泰西·阿拉斯特

斯泰西·阿拉斯特是美国网球协会（United States Tennis Association）职业网球分会的首席执行官，曾任女子网球协会主席兼首席执行官。

朱利安·布兰德

朱利安·布兰德曾在国际管理集团供职 32 年，最高职位为高级副总裁兼活动与联合会（Events and Federations）常务董事。

塞巴斯蒂安·科

塞巴斯蒂安·科是国际田径联合会（International Association of Athletics Federations）总裁，CSM 体育与娱乐集团（Sport and Entertainment）执行主席，体育荣誉委员会（Sports Honours Committee）主席。他曾是伦敦奥运会与残奥会组委会主席，此前是伦敦 2012 招标公司主席。

琼·库克

琼·库克于 1992 年加入国际管理集团，最终成为国际管理集团授权许可部副总裁兼零售主管。

琳达·库珀

琳达·库珀是琳达·库珀公司（Linda Cooper & Company）及琳

达·库珀婚礼策划公司（Linda Cooper weddings）的创始人。她曾担任国际管理集团副总裁。

约翰·柯里

约翰·柯里曾是全英草地网球俱乐部董事长，此前是俱乐部产品销售委员会主席。他是阿卡尔公开股份有限公司（Acal plc）与尤尼特克公开股份有限公司（Unitech plc）的创始人。

彼得·道森

彼得·道森是国际高尔夫联合会（International Golf Federation）总裁，是皇家古典高尔夫俱乐部前首席执行官。

唐纳德·德尔

唐纳德·德尔是拉加代尔集团（Lagardere）传媒、网球与活动部门总裁，是美国前戴维斯杯队长。他是普罗舍夫经纪公司创始人，是首位职业网球国际经纪人。

杰恩·艾本

杰恩·艾本在离开国际管理集团后，曾担任教师、作家以及美国国家公共电台（NPR）的电台评论员。目前，他是俄亥俄州克利夫兰劳伦斯学校（Lawrence School）的高级主管。

简·费尔盖特

简·费尔盖特是职业男子网球冠军巡回赛（ATP Champions Tour）的首席执行官及国际管理集团英国公司网球部门负责人。

玛丽·乔·费尔南德斯

玛丽·乔·费尔南德斯是一名网球评论员、职业网球手，曾达到单打和双打世界排名第四的职业生涯高度。

加文·福布斯

加文·福布斯是国际管理集团网球部门（男子）高级副总裁兼全球总经理，他是职业男子网球巡回赛美国锦标赛的董事会代表。

彼得·杰曼

彼得·杰曼是国际管理集团高尔夫部门高级副总裁。

戴维·吉尔摩

戴维·吉尔摩是一位终身创业家，他是斐泉、巴里克黄金公司（Barrick Gold）和瓦卡亚完美公司（Wakaya Perfection）等新兴公司的创始人。

托尼·高德希克

托尼·高德希克曾担任国际管理集团高级副总裁，此后离开公司与罗杰·费德勒成立体育与娱乐管理公司 TEAM8。

贝里·戈迪

贝里·戈迪是摩城唱片公司的创始人。

克里斯·戈林奇

克里斯·戈林奇是全英草地网球俱乐部前首席执行官，他在该职位任职达 26 年。

彼得·格里菲思

彼得·格里菲思是美国职业橄榄球联盟国际部门的首席运营官。此前，他在国际管理集团任职近 27 年，从一名财务人员，最后做到体育和娱乐部门运营总监。

伯特兰·格罗

伯特兰·格罗是劳力士董事会主席。

乔治·哈蒙德

乔治·哈蒙德是高尔夫世界比洞赛前主管及官方参赛者。

克里斯蒂·赫夫纳

克里斯蒂·赫夫纳是孵化器美妆公司（Hatch Beauty）董事长，是花花公子公司前董事长兼首席执行官。

尼尔·霍布迪

尼尔·霍布迪是御林军马球俱乐部（Guards Polo Club）首席执行官。此前，他在国际管理集团任职四年，曾担任罗蒙湖高尔夫俱乐部（Loch Lomond Golf Club）首席执行官。

巴兹·霍内特

巴兹·霍内特是国际管理集团前高级国际副总裁。

萨丽琳·简穆罕默德

萨丽琳·简穆罕默德是 GMR 集团市场部客户服务高级副总裁。她是马萨诸塞大学阿默斯特分校伊森伯格管理学院校友。

阿拉斯泰尔·约翰斯顿

阿拉斯泰尔·约翰斯顿曾在马克·麦考梅克去世后被任命为联合首席执行官。他目前担任国际管理集团副董事长兼阿诺德·帕尔默事业部（Arnold Palmer Enterprises）首席执行官。

鲍勃·卡因

鲍勃·卡因曾在马克·麦考梅克去世后被任命为国际管理集团总裁兼联合首席执行官。他是大克利夫兰体育委员会（Greater Cleveland Sports Commission）创始人兼前董事长、创新艺人经纪公司（Creative Arts Agency）前高级顾问以及美国高尔夫协会执行委员会成员。

霍华德·卡茨

霍华德·卡茨是美国橄榄球联盟高级副总裁。他是美国广播公司前总裁，以及娱乐与体育节目电视网前总裁。他曾在 1974 年至 1983 年供职于国际管理集团。

索尔·柯兹纳

索尔·柯兹纳是柯兹纳国际酒店（Kerzner International Hotels）的创始人、首席执行官兼董事长。该公司开发与经营的旅游度假村包括南非的太阳城酒店（Sun City），以及巴哈马和迪拜的亚特兰蒂斯酒店（Atlantis）。公司还开发和管理位于马尔代夫、迪拜、毛里求斯、墨西哥、南非与巴哈马的唯逸度假酒店（One & Only Resorts）。

琼-克劳德·基利

琼-克劳德·基利曾担任法国阿尔贝维尔 1992 年冬季奥运会组委会联合主席。作为一名高山滑雪运动员，他是三项奥运会冠军——在 1968 年冬季奥运会上赢得了全部三场高山赛事冠军。

金墉

金墉是世界银行前行长。他曾是达特茅斯学院（Dartmouth College）校长及世界卫生组织艾滋病部门主管。他是健康伙伴基金会联合创始人。

比利·琼·金

比利·琼·金是首位获得美国总统自由勋章（US Presidential Medal of Freedom）的女性运动员，该勋章用以嘉奖她在网球场上及场下的事业成就。她是比利·琼·金领导倡议咨询委员会（Billie Jean King Leadership Initiative）、女子体育基金会（Women's Sports Foundation）与女子网球联合会（Women's Tennis Association）的创始人，以及世界网球团体赛（World Team Tennis）联合创始人。

盖伊·金宁斯

盖伊·金宁斯在国际管理集团供职长达20多年，担任高尔夫部门的全球负责人。他是欧洲巡回赛制作公司（European Tour Produtions）的董事会成员。

罗伯特·克拉夫特

罗伯特·克拉夫特是克拉夫特集团（Kraft Group）董事长兼首席执行官，他是美国橄榄球新英格兰爱国者队的所有人。

彼得·库恩

彼得·库恩曾担任国际管理集团首席财务官，此后成为帕克兰管理公司（Parkland Management Company）总裁兼首席执行官，随后担任该公司首席投资官直至退休。

杰伊·拉法维

作家杰伊·拉法维曾在国际管理集团担任多个高级职位，包括高级副总裁、首席财务官及副董事长。他也是克利夫兰交响乐团（The Cleveland Orchestra）、克利夫兰音乐学院（Cleveland Institute of Music）及克利夫兰艺术博物馆（Cleveland Museum of Art）企业理事会理事。

伯恩哈特·兰格

伯恩哈特·兰格是一名职业高尔夫球手。他是两届大师赛冠军，并且曾是该项运动首位官方排名第一的选手。他是欧洲职业高尔夫协会终身成就奖获得者。

鲍勃·莱瑟姆

鲍勃·莱瑟姆是得克萨斯州杰克逊·沃克（JacksonWalker LLP）律师事务所合伙人，世界橄榄球执行委员会（World Rugby Executive Committee）成员，美国橄榄球联盟前董事长，美国奥委会前董事会成员，以及《体育旅行》（*SportsTravel*）专栏作家。

马克·拉扎勒斯

马克·拉扎勒斯是全国广播公司广播与体育部总裁。此前，他曾担任CSE公司媒体与市场部总裁，以及特纳娱乐集团（Turner Entertainment Group）总裁。

克里斯托弗·莱温顿爵士

克里斯托弗·莱温顿爵士是坎珀与尼科尔森·玛丽娜投资公司（Camper & Nicholsons Marina Investments Ltd）董事长，并在纽约梅塔尔马克与J. F. 莱曼私募股权公司（Metalmark and J. F. Lehman）担任顾问。此前，他曾担任威尔金森剑公司董事长兼首席执行官及TI集团（TI

Group）董事长兼首席执行官。他曾担任马克·麦考梅克与国际管理集团的顾问。

蒂莫·卢姆

蒂莫·卢姆在国际奥委会电视与市场服务部（转播版权营销机构）担任总经理。国际管理集团是其职业生涯的开端，他曾担任娱乐与体育节目电视网欧洲、中东与非洲区副总裁，此后加入国际奥委会。

科林·麦克雷恩

科林·麦克雷恩曾担任皇家古典高尔夫俱乐部的总裁。在马克·麦考梅克的请求下，他成为国际管理集团的商业顾问，是三名理事顾问之一。

米歇尔·马斯奎里尔

米歇尔·马斯奎里尔是国际管理集团媒体部董事长。在国际管理集团超过30年的职业生涯中，他从一名实习生，经国际管理集团媒体部全球销售与收购主管，到国际管理集团媒体部总裁，最后发展到目前职位，同时他还是多个董事会的成员及顾问。

莉萨·马斯特亚力克斯

莉萨·马斯特亚力克斯是伊森伯格管理学院员工与行政部门副

主任，以及马萨诸塞大学阿姆斯特分校马克·麦考梅克体育管理系副教授。

布雷克·麦考梅克

布雷克·麦考梅克是马克·麦考梅克的儿子，是葡萄酒电视频道（WineVine.tv.）主管。此前，他曾在国际管理集团担任亚洲区主管。

克里斯·麦考梅克

克里斯·麦考梅克是马克·麦考梅克的孙子，在TEAM8担任经纪人。

莱斯利·麦考梅克·加蒂

莱斯利·麦考梅克·加蒂是马克·麦考梅克的女儿，是儿童乐益会英国公司（Right to Play UK）副总裁。此前，她曾在国际管理集团担任高级国际副总裁。

托德·麦考梅克

托德·麦考梅克是马克·麦考梅克的儿子，是国际管理集团高级企业副总裁。此外，他在多个数码传媒公司担任顾问及投资人。

彼得·麦凯尔维

彼得·麦凯尔维是美国艾意凯咨询公司总裁（艾意凯咨询公司是一家专门从事企业战略开发与并购咨询服务的公司）。在获得沃顿商学院（The Wharton School）工商管理硕士学位后，他于 1991 年加入该公司。

肖恩·麦克马纳斯

肖恩·麦克马纳斯是哥伦比亚广播公司体育部总裁。他此前的职位包括 TWI 节目部高级副总裁，以及哥伦比亚广播公司体育部与媒体部总裁。

科林·蒙哥马利

科林·蒙哥马利是一名职业高尔夫球手，他曾是莱德杯（Ryder Cup）队长。他在全世界获得过 40 多次冠军，包括高级职业高尔夫冠军赛（Senior PGA Championship），并且是欧洲历史上前所未有的连续七年排名第一的选手。

森田正明

森田正明是森田正明网球基金会（Masaaki Morita Tennis Fund）主席，日本网球协会（Japan Tennis Association）荣誉总裁。此前，他曾担任索尼人寿保险公司董事长兼总裁，以及美国索尼公司总裁兼首席执行官。

杰克·尼克劳斯

杰克·尼克劳斯是一名职业高尔夫球手，他是全球18项职业大满贯冠军与120项职业锦标赛冠军的纪录保持者。他曾荣获国会金奖章（Congressional Gold Medal）与总统自由奖章（Presidential Medal of Freedom）。

乔治·奥格雷迪

乔治·奥格雷迪曾担任欧洲巡回赛首席执行官。

杰里米·帕尔默–汤姆金森

杰里米·帕尔默–汤姆金森曾在国际管理集团活动管理部担任高级副总裁。

安迪·皮尔斯

安迪·皮尔斯是拉加代尔体育与娱乐公司（Lagardère Sports and Entertainment）美洲区首席执行官兼高尔夫与咨询部总裁。此前，他曾在国际管理集团担任咨询总经理兼高级企业副总裁。

珍妮·罗斯

珍妮·罗斯在国际管理集团模特部担任副总裁。

马尔科姆·拉芬

马尔科姆·拉芬是马萨诸塞大学马克·麦考梅克体育管理系校友及马萨诸塞大学麦考梅克体育管理职业博览会（McCormack Sport Management Career Fair）创始人。

肯·斯科菲尔德

肯·斯科菲尔德曾担任欧洲巡回赛执行董事。

莫妮卡·塞莱斯

莫妮卡·塞莱斯是前世界排名第一的网球选手，她是九项大满贯冠军得主。

凯瑟琳·辛普森

凯瑟琳·辛普森在国际管理集团担任副总裁及IPL公司媒体与活动部负责人。

约翰·斯基珀

约翰·斯基珀是娱乐与体育节目电视网总裁，以及迪士尼媒体电视网（Disney Media Networks）联合董事长。他此前担任过娱乐与体育节目电视网内容部执行副总裁，以及娱乐与体育节目电视网和迪士尼公司

（The Walt Disney Company）的多个职位。

马丁·索雷尔爵士

马丁·索雷尔爵士是 WPP 集团首席执行官，国际管理集团前职员。

蒂姆·沙利文

蒂姆·沙利文是弗吉尼亚威廉与玛丽学院名誉校长。

加里·斯温

加里·斯温在国际管理集团担任高级副总裁。

冯涛

冯涛是盛开体育公司（Shankai Sports）首席执行官。

林顿·泰勒

林顿·泰勒担任的多个职位包括第 9 频道国际电视网络公司（Nine Network International）总裁兼首席执行官，国际管理集团媒体部澳大利亚与新西兰公司总经理，PBL 公司董事长兼总经理，以及世界职业板球系列赛执行总经理。

伊恩·托德

伊恩·托德是国际管理集团前总裁及耐克公司全球体育市场部前副总裁。

弗吉尼亚·韦德

弗吉尼亚·韦德是前职业网球选手，三次大满贯单打冠军和四次双打冠军，曾在英国排名第一超过十年。她是英国广播公司和欧洲体育电视频道（Eurosport）的网球评论员，也是美国电视频道的评论员。

卡罗琳·沃德

卡罗琳·沃德在国际管理集团供职长达 36 年，她最初是客户金融服务部的一名私人助理，最后升为国际人力资源部高级副总裁。

凯西·沃瑟曼

凯西·沃瑟曼是沃瑟曼公司（Wasserman）董事长兼首席执行官，该公司是一家体育、娱乐和生活方式营销与管理机构。他作为洛杉矶 2024 年申奥委员会（LA2024）主席负责洛杉矶奥运会申办工作。在此之后，洛杉矶被选为美国奥运会竞标城市。他还是沃瑟曼基金会（Wasserman Foundation）总裁兼首席执行官。

萨拉·伍尔德里奇

萨拉·伍尔德里奇是国际管理集团高尔夫赛事高级会员、文字工作者与电视播音员。她于 1966 年开始在国际管理集团供职，担任马克·麦考梅克的私人助理。

迈克尔·赖特

迈克尔·赖特是赖特公司（The Wright Stuff）首席执行官，该公司是一家位于俄勒冈州波特兰的私人体育咨询公司。此前，他曾在国际管理集团担任加拿大办事处总经理，以及企业咨询、赛车与奥运会部高级副总裁。

萨姆·祖斯曼

萨姆·祖斯曼是国际管理集团与威廉·莫里斯经纪公司活动业务部总裁，同时也负责监督国际管理集团业务部的体育训练工作。